Sapore Senza Sale
Una Cucina Deliziosa e Salutare

Martina Rossi

Sommario

Zuppa di trota e carote 12

Spezzatino di tacchino e finocchio 13

zuppa di melanzane 14

crema di patate dolci 15

Zuppa di pollo e funghi 16

salmone fritto 17

Insalata di patate 18

Carne macinata e casseruola di pomodoro 20

Insalata di gamberi e avocado 21

crema di broccoli 22

Zuppa di cavoli 23

Zuppa di sedano e cavolfiore 24

Zuppa di maiale e porri 25

Insalata di gamberetti con menta e broccoli 26

Zuppa di gamberi e merluzzo 28

Mix di gamberetti e scalogno 30

spezzatino di spinaci 31

Mix di cavolfiore al curry 32

Spezzatino di carote e zucchine 33

Stufato di cavoli e fagiolini 34

Zuppa di funghi 35

maiale al peperoncino 36

Insalata di funghi con pepe e salmone 37

Un misto di ceci e patate 39

Mix di pollo al cardamomo 40

lenticchie al peperoncino 42

indivia al rosmarino 43

indivia al limone 44

pesto di asparagi 45

carota con paprika 46

casseruola cremosa di patate 47

cavolo al sesamo 48

coriandolo broccoli 49

Peperoncino con cavoletti di Bruxelles 50

Cavolini di Bruxelles e cipollotti misti 51

purea di cavolfiore 52

insalata di avocado 53

Insalata di ravanelli 54

Insalata di cicoria 55

Una miscela di olive e mais 56

Insalata di rucola e pinoli 57

mandorle e spinaci 58

Insalata di fagiolini e mais 59

Insalata di indivia e cavolo cappuccio 60

mangiamo insalata 61

Insalata di uva e avocado 62

Melanzane miste con origano 63

composto di pomodori arrostiti 64

funghi al timo 65

Spezzatino di spinaci e mais 66

Rosolare il mais e l'erba cipollina 67

- Insalata di spinaci e mango 68
- patate alla senape 69
- Cavolini di Bruxelles al cocco 70
- salvia carota 71
- Funghi all'aglio e mais 72
- pesto di fagiolini 73
- pomodoro con dragoncello 74
- Mandorla Di Barbabietola 75
- Pomodoro, menta e mais 76
- Salsa di zucchine e avocado 77
- Mix di mele e cavoli 78
- barbabietola arrostita 79
- cavolo all'aneto 80
- Insalata di cavoli e carote 81
- Salsa di pomodoro e olive 82
- Insalata di zucchine 83
- Insalata di carote al curry 84
- Insalata di lattuga e barbabietola 85
- ravanello alle erbe 86
- Miscela di finocchi arrostiti 87
- Peperoni arrostiti 88
- Stufato di datteri e cavoli 89
- miscela di fagioli neri 90
- Un misto di olive e indivia 91
- Insalata di pomodori e cetriolo 92
- Insalata di peperoni e carote 93
- Una miscela di fagioli neri e riso 94

- Un misto di riso e cavolfiore 95
- miscela di fagioli balsamici 96
- barbabietola cremosa 97
- Mix di avocado e pepe 98
- Patate dolci e barbabietole arrostite 99
- cavolo brasato 100
- carote condite 101
- carciofi al limone 102
- Broccoli, fagioli e riso 103
- Mix di zucca arrosto 104
- asparagi cremosi 105
- Mix di rape e basilico 106
- Una miscela di riso e capperi 107
- Un misto di spinaci e cavoli 108
- Misto gamberi e ananas 109
- Salmone e olive verdi 110
- salmone e finocchio 111
- merluzzo e asparagi 112
- Gamberi piccanti 113
- spigola e pomodoro 114
- gamberi e fagioli 115
- Mix di gamberetti e rafano 116
- Insalata di gamberi e dragoncello 117
- parmigiana di baccalà 118
- Tilapia mista e cipolle rosse 119
- insalata di trota 120
- trota balsamica 121

prezzemolo prezzemolo	122
Insalata di trota e verdure	123
salmone allo zafferano	124
Insalata di gamberetti e anguria	125
Insalata di gamberi origano e quinoa	126
Granchio Insalata	127
capesante al balsamico	128
Miscela cremosa di sogliola	129
Miscela piccante di salmone e mango	130
Mix di gamberetti all'aneto	131
Paté di salmone	132
gamberetti ai carciofi	133
Gamberetti con salsa al limone	134
Un misto di tonno e arancia	135
curry di salmone	136
Miscela di salmone e carote	137
Misto Gamberi e Pinoli	138
Merluzzo con Peperoni e Fagiolini	139
capesante all'aglio	140
Miscela cremosa di branzino	141
Un misto di spigola e funghi	142
zuppa di salmone	143
Noce moscata con gamberi	144
Misto Gamberi e Frutti Rossi	145
trota al limone al forno	146
Capesante all'erba cipollina	147
braciole di tonno	148

padella di salmone 149

miscela di merluzzo alla senape 150

Misto gamberi e asparagi 151

merluzzo e piselli 152

Ciotole di gamberetti e cozze 153

Crema alla menta 154

budino di lamponi 155

barrette di mandorle 156

miscela di pesche tostate 157

Torta di noci 158

torta di mele 159

crema alla cannella 160

Miscela cremosa di fragole 161

Brownies alla vaniglia e noci pecan 162

torta di fragole 163

budino al cacao 165

Crema di noce moscata alla vaniglia 166

crema di avocado 167

crema di lamponi 168

insalata di anguria 169

Miscela di pere e cocco 170

marmellata di mele 171

stufato di albicocche 172

Mix di melone al limone 173

crema cremosa al rabarbaro 174

ciotole di ananas 175

spezzatino di mirtilli 176

Budino al limone	177
crema alla pesca	178
Miscela di cannella e prugne	179
Mele Chia e Vaniglia	180
Budino di riso e pere	181
stufato di rabarbaro	182
crema al rabarbaro	183
insalata di mirtilli	184
Crema di datteri e banane	185
panini alle prugne	186
Ciotole di prugne e uvetta	187
barrette di girasole	188
Ciotole di anacardi e mirtilli rossi	189
Ciotole di arancia e mandarino	190
Crema Di Zucca	191
Una miscela di fichi e rabarbaro	192
banana piccante	193
cocktail al cacao	194
barrette di banane	195
Barrette di tè verde e datteri	196
crema di noci	197
Torta al limone	198
barrette all'uvetta	199
quadrati di nettarine	200
spezzatino d'uva	201
crema di mandarino e prugna	202
Crema di Ciliegie e Fragole	203

- Noci di cardamomo e budino di riso 204
- pane alle pere 205
- Budino di riso e ciliegia 206
- stufato di anguria 207
- budino allo zenzero 208
- crema di anacardi 209
- biscotti alla canapa 210
- Ciotole Mandorle e Melograno 211
- Cosce di pollo e verdure al rosmarino 212
- Pollo con carote e cavoli 214
- Panino con melanzane e tacchino 215

Zuppa di trota e carote

Tempo di preparazione: 10 minuti
Tempo di cottura: 25 minuti
Porzioni: 4

Ingredienti:
- 1 cipolla gialla, tritata
- 12 tazze di brodo di pesce a basso contenuto di sodio
- 1 libbra di carote, affettate
- Filetti di trota da 1 libbra, disossati, senza pelle e tagliati a dadini
- 1 cucchiaio di paprika dolce
- 1 tazza di pomodori, tagliati a cubetti
- 1 cucchiaio di olio d'oliva
- pepe nero a piacere

Istruzioni:
1. Scaldare una padella con olio d'oliva a fuoco medio, aggiungere la cipolla, mescolare e soffriggere per 5 minuti.
2. Aggiungere il pesce, le carote e gli altri ingredienti, portare ad ebollizione e cuocere a fuoco medio per 20 minuti.
3. Dividete la zuppa nelle ciotole e servite.

Nutrizione: calorie 361, grassi 13,4, fibre 4,6, carboidrati 164, proteine 44,1

Spezzatino di tacchino e finocchio

Tempo di preparazione: 10 minuti
Tempo di cottura: 45 minuti
Porzioni: 4

Ingredienti:
- 1 petto di tacchino senza pelle, disossato e tagliato a cubetti
- 2 bulbi di finocchio tritati
- 1 cucchiaio di olio d'oliva
- 2 foglie di alloro
- 1 cipolla gialla, tritata
- 1 tazza di pomodori in scatola, non salati
- 2 brodi di manzo a basso contenuto di sodio
- 3 spicchi d'aglio, tritati
- pepe nero a piacere

Istruzioni:
1. Scaldare una padella con olio a fuoco medio, aggiungere la cipolla e la carne e far rosolare per 5 minuti.
2. Aggiungete i finocchi e gli altri ingredienti, portate a ebollizione e fate cuocere a fuoco medio per 40 minuti, mescolando di tanto in tanto.
3. Dividete lo spezzatino nelle ciotole e servite.

Nutrizione: Calorie 371, Grassi 12,8, Fibre 5,3, Carboidrati 16,7, Proteine 11,9

zuppa di melanzane

Tempo di preparazione: 10 minuti
Tempo di cottura: 30 minuti
Porzioni: 4

Ingredienti:
- 2 melanzane grandi, tagliate grossolanamente
- 1 litro di brodo vegetale a basso contenuto di sodio
- 2 cucchiai di concentrato di pomodoro non salato
- 1 cipolla rossa, tritata
- 1 cucchiaio di olio d'oliva
- 1 cucchiaio di coriandolo, tritato
- Un pizzico di pepe nero

Istruzioni:
1. Scaldare una padella con olio d'oliva a fuoco medio, aggiungere la cipolla, mescolare e soffriggere per 5 minuti.
2. Aggiungete le melanzane e gli altri ingredienti, mettete sul fuoco medio, fate cuocere per 25 minuti, dividete nelle ciotole e servite.

Nutrizione: Calorie 335, Grassi 14,4, Fibre 5, Carboidrati 16,1, Proteine 8,4

crema di patate dolci

Tempo di preparazione: 10 minuti
Tempo di cottura: 25 minuti
Porzioni: 4

Ingredienti:
- 4 tazze di brodo vegetale
- 2 cucchiai di olio di avocado
- 2 patate dolci, sbucciate e tagliate a cubetti
- 2 cipolle gialle, tritate
- 2 spicchi d'aglio, tritati
- 1 tazza di latte di cocco
- Un pizzico di pepe nero
- ½ cucchiaino di basilico, tritato

Istruzioni:
1. Scaldare una padella con olio d'oliva a fuoco medio, aggiungere la cipolla e l'aglio, mescolare e soffriggere per 5 minuti.
2. Aggiungere la patata dolce e gli altri ingredienti, portare ad ebollizione e cuocere a fuoco medio per 20 minuti.
3. Frullare la zuppa con un frullatore ad immersione, versare nelle ciotole e servire a pranzo.

Nutrizione: Calorie 303, Grassi 14,4, Fibre 4, Carboidrati 9,8, Proteine 4,5

Zuppa di pollo e funghi

Tempo di preparazione: 10 minuti
Tempo di cottura: 30 minuti
Porzioni: 4

Ingredienti:
- 1 litro di brodo vegetale, a basso contenuto di sodio
- 1 cucchiaio di zenzero, grattugiato
- 1 cipolla gialla, tritata
- 1 cucchiaio di olio d'oliva
- Petto di pollo senza pelle da 1 libbra, disossato e tagliato a cubetti
- Funghi bianchi a fette da ½ libbra
- 4 peperoncini tailandesi, tritati
- ¼ tazza di succo di limone
- ¼ tazza di coriandolo, tritato
- Un pizzico di pepe nero

Istruzioni:
1. Scaldare una padella con olio d'oliva a fuoco medio, aggiungere la cipolla, lo zenzero, il pepe e la carne, mescolare e soffriggere per 5 minuti.
2. Aggiungere i funghi, mescolare e cuocere per altri 5 minuti.
3. Aggiungere il resto degli ingredienti, portare ad ebollizione e cuocere a fuoco medio per altri 20 minuti.
4. Dividete la zuppa nelle ciotole e servite subito.

Nutrizione: Calorie 226, Grassi 8,4, Fibre 3,3, Carboidrati 13,6, Proteine 28,2

salmone fritto

Tempo di preparazione: 10 minuti
Tempo di cottura: 20 minuti
Porzioni: 4

Ingredienti:
- 4 filetti di salmone disossati
- 3 spicchi d'aglio, tritati
- 1 cipolla gialla, tritata
- pepe nero a piacere
- 2 cucchiai di olio d'oliva
- Succo di 1 lime
- 1 cucchiaio di scorza di limone, grattugiata
- 1 cucchiaio di timo, tritato

Istruzioni:
1. Scaldare una padella con olio d'oliva a fuoco medio, aggiungere la cipolla e l'aglio, mescolare e soffriggere per 5 minuti.
2. Aggiungere il pesce e cuocere 3 minuti per lato.
3. Aggiungere il resto degli ingredienti, far bollire il tutto per altri 10 minuti, dividere nei piatti e servire a pranzo.

Nutrizione: Calorie 315, Grassi 18,1, Fibre 1,1, Carboidrati 4,9, Proteine 35,1

Insalata di patate

Tempo di preparazione: 10 minuti
Tempo di cottura: 20 minuti
Porzioni: 4

Ingredienti:
- 2 pomodori tagliati
- 2 avocado, snocciolati e affettati
- 2 tazze di spinaci novelli
- 2 erba cipollina tritata
- 1 libbra di patate dorate, bollite, sbucciate e affettate
- 1 cucchiaio di olio d'oliva
- 1 cucchiaio di succo di limone
- 1 cipolla gialla, tritata
- 2 spicchi d'aglio, tritati
- pepe nero a piacere
- 1 mazzetto di coriandolo, tritato

Istruzioni:
1. Scaldare una padella con olio d'oliva a fuoco medio, aggiungere la cipolla, l'erba cipollina e l'aglio, mescolare e soffriggere per 5 minuti.
2. Aggiungete le patate, mescolate delicatamente e fate cuocere per altri 5 minuti.
3. Aggiungere il resto degli ingredienti, mescolare, cuocere a fuoco medio per altri 10 minuti, dividere in ciotole e servire a pranzo.

Nutrizione: Calorie 342, Grassi 23,4, Fibre 11,7, Carboidrati 33,5, Proteine 5

Carne macinata e casseruola di pomodoro

Tempo di preparazione: 10 minuti
Tempo di cottura: 20 minuti
Porzioni: 4

Ingredienti:
- 1 libbra di carne macinata
- 1 cipolla rossa, tritata
- 1 cucchiaio di olio d'oliva
- 1 tazza di pomodorini, tagliati a metà
- ½ peperone rosso, tritato
- pepe nero a piacere
- 1 cucchiaio di aglio, tritato
- 1 cucchiaio di rosmarino, tritato
- 3 cucchiai di brodo di manzo a basso contenuto di sodio

Istruzioni:
1. Scaldare una padella con olio d'oliva a fuoco medio, aggiungere la cipolla e il pepe, mescolare e far rosolare per 5 minuti.
2. Aggiungere la carne, mescolare e cuocere per altri 5 minuti.
3. Aggiungere gli altri ingredienti, mescolare, cuocere per 10 minuti, dividere nelle ciotole e servire a pranzo.

Nutrizione: Calorie 320, Grassi 11,3, Fibre 4,4, Carboidrati 18,4, Proteine 9

Insalata di gamberi e avocado

Tempo di preparazione: 5 minuti
Tempo di cottura: 0 minuti
Porzioni: 4

Ingredienti:
- 1 arancia, sbucciata e affettata
- 1 libbra di gamberetti, cotti, sbucciati ed eviscerati
- 2 tazze di rucola baby
- 1 avocado, snocciolato, sbucciato e tritato
- 2 cucchiai di olio d'oliva
- 2 cucchiai di aceto balsamico
- ½ succo d'arancia
- sale e pepe nero

Istruzioni:
1. Unire i gamberi con le arance e gli altri ingredienti in un'insalatiera, mescolare e servire a pranzo.

Nutrizione: Calorie 300, Grassi 5,2, Fibre 2, Carboidrati 11,4, Proteine 6,7

crema di broccoli

Tempo di preparazione: 10 minuti
Tempo di cottura: 40 minuti
Porzioni: 4

Ingredienti:
- 2 chili di cimette di broccoli
- 1 cipolla gialla, tritata
- 1 cucchiaio di olio d'oliva
- pepe nero a piacere
- 2 spicchi d'aglio, tritati
- 3 tazze di brodo di manzo a basso contenuto di sodio
- 1 tazza di latte di cocco
- 2 cucchiai di coriandolo, tritato

Istruzioni:
1. Scaldare una padella con olio d'oliva a fuoco medio, aggiungere la cipolla e l'aglio, mescolare e soffriggere per 5 minuti.
2. Aggiungere i broccoli e gli altri ingredienti, escluso il latte di cocco, portare ad ebollizione e cuocere a fuoco medio per altri 35 minuti.
3. Sbattere la zuppa con un frullatore, aggiungere il latte di cocco, sbattere ancora, dividere in ciotole e servire.

Nutrizione: Calorie 330, Grassi 11,2, Fibre 9,1, Carboidrati 16,4, Proteine 9,7

Zuppa di cavoli

Tempo di preparazione: 10 minuti
Tempo di cottura: 40 minuti
Porzioni: 4

Ingredienti:

- 1 grande testa di cavolo verde, tritata grossolanamente
- 1 cipolla gialla, tritata
- 1 cucchiaio di olio d'oliva
- pepe nero a piacere
- 1 porro tritato
- 2 tazze di pomodori in scatola, a basso contenuto di sodio
- 4 tazze di brodo di pollo, a basso contenuto di sodio
- 1 cucchiaio di coriandolo, tritato

Istruzioni:

1. Scaldare una padella con olio d'oliva a fuoco medio, aggiungere la cipolla e il porro, mescolare e far rosolare per 5 minuti.
2. Aggiungere il cavolo e gli altri ingredienti tranne il coriandolo, portare a ebollizione e cuocere a fuoco medio per 35 minuti.
3. Versare la zuppa nelle ciotole, cospargere di coriandolo e servire.

Nutrizione: Calorie 340, Grassi 11,7, Fibre 6, Carboidrati 25,8, Proteine 11,8

Zuppa di sedano e cavolfiore

Tempo di preparazione: 10 minuti
Tempo di cottura: 40 minuti
Porzioni: 4

Ingredienti:
- 2 libbre di cimette di cavolfiore
- 1 cipolla rossa, tritata
- 1 cucchiaio di olio d'oliva
- 1 tazza di passata di pomodoro
- pepe nero a piacere
- 1 tazza di sedano, tritato
- 6 tazze di brodo di pollo a basso contenuto di sodio
- 1 cucchiaio di aneto, tritato

Istruzioni:
4. Scaldare una padella con olio d'oliva a fuoco medio, aggiungere la cipolla e il sedano, mescolare e far rosolare per 5 minuti.
5. Aggiungere il cavolfiore e gli altri ingredienti, portare ad ebollizione e cuocere a fuoco medio per altri 35 minuti.
6. Dividete la zuppa nelle ciotole e servite.

Nutrizione: Calorie 135, Grassi 4, Fibre 8, Carboidrati 21,4, Proteine 7,7

Zuppa di maiale e porri

Tempo di preparazione: 10 minuti
Tempo di cottura: 40 minuti
Porzioni: 4

Ingredienti:
- 1 libbra di carne di maiale in umido, tagliata a dadini
- pepe nero a piacere
- 5 porri tritati
- 1 cipolla gialla, tritata
- 2 cucchiai di olio d'oliva
- 1 cucchiaio di prezzemolo, tritato
- 6 tazze di brodo di manzo a basso contenuto di sodio

Istruzioni:
4. Scaldare una padella con olio d'oliva a fuoco medio, aggiungere la cipolla e il porro, mescolare e far rosolare per 5 minuti.
5. Aggiungere la carne, mescolare e cuocere per altri 5 minuti.
6. Aggiungere il resto degli ingredienti, portare ad ebollizione e cuocere a fuoco medio per 30 minuti.
7. Dividete la zuppa nelle ciotole e servite.

Nutrizione: Calorie 395, Grassi 18,3, Fibre 2,6, Carboidrati 18,4, Proteine 38,2

Insalata di gamberetti con menta e broccoli

Tempo di preparazione: 5 minuti
Tempo di cottura: 20 minuti
Porzioni: 4

Ingredienti:
- 1/3 di tazza di brodo vegetale a basso contenuto di sodio
- 2 cucchiai di olio d'oliva
- 2 tazze di cimette di broccoli
- 1 libbra di gamberetti, sbucciati ed eviscerati
- pepe nero a piacere
- 1 cipolla gialla, tritata
- 4 pomodorini tagliati a metà
- 2 spicchi d'aglio, tritati
- Succo di ½ limone
- ½ tazza di olive Kalamata, snocciolate e tagliate a metà
- 1 cucchiaio di menta, tritata

Istruzioni:
1. Scaldare una padella con olio d'oliva a fuoco medio, aggiungere la cipolla e l'aglio, mescolare e soffriggere per 3 minuti.
2. Aggiungere i gamberi, mescolare e cuocere per altri 2 minuti.
3. Aggiungere i broccoli e gli altri ingredienti, mescolare, cuocere per 10 minuti, dividere nelle ciotole e servire a pranzo.

Nutrizione: calorie 270, grassi 11,3, fibre 4,1, carboidrati 14,3, proteine 28,9

Zuppa di gamberi e merluzzo

Tempo di preparazione: 10 minuti
Tempo di cottura: 20 minuti
Porzioni: 4

Ingredienti:
- 1 litro di brodo di pollo a basso contenuto di sodio
- Mezzo chilo di gamberi, sbucciati ed eviscerati
- ½ chilo di filetti di merluzzo disossati, privati della pelle e tagliati a cubetti
- 2 cucchiai di olio d'oliva
- 2 cucchiaini di peperoncino in polvere
- 1 cucchiaino di paprika dolce
- 2 scalogni tritati
- Un pizzico di pepe nero
- 1 cucchiaio di aneto, tritato

Istruzioni:
1. Scaldare una padella con olio d'oliva a fuoco medio, aggiungere lo scalogno, mescolare e soffriggere per 5 minuti.
2. Aggiungete i gamberi e il merluzzo e fate cuocere per altri 5 minuti.
3. Aggiungere il resto degli ingredienti, portare ad ebollizione e cuocere a fuoco medio per 10 minuti.
4. Dividete la zuppa nelle ciotole e servite.

Nutrizione: Calorie 189, Grassi 8,8, Fibre 0,8, Carboidrati 3,2, Proteine 24,6

Mix di gamberetti e scalogno

Tempo di preparazione: 10 minuti
Tempo di cottura: 10 minuti
Porzioni: 4

Ingredienti:
- 2 libbre di gamberetti, sbucciati ed eviscerati
- 1 tazza di pomodorini, tagliati a metà
- 1 cucchiaio di olio d'oliva
- 4 cipolle verdi, tritate
- 1 cucchiaio di aceto balsamico
- 1 cucchiaio di aglio, tritato

Istruzioni:
1. Scaldare una padella con olio d'oliva a fuoco medio, aggiungere la cipolla e i pomodorini, mescolare e soffriggere per 4 minuti.
2. Aggiungere i gamberi e gli altri ingredienti, cuocere per altri 6 minuti, distribuire nei piatti e servire.

Nutrizione: Calorie 313, Grassi 7,5, Fibre 1, Carboidrati 6,4, Proteine 52,4

spezzatino di spinaci

Tempo di preparazione: 10 minuti
Tempo di cottura: 15 minuti
Porzioni: 4

Ingredienti:
- 1 cucchiaio di olio d'oliva
- 1 cucchiaino di zenzero, grattugiato
- 2 spicchi d'aglio, tritati
- 1 cipolla gialla, tritata
- 2 pomodori tagliati
- 1 tazza di pomodori in scatola, non salati
- 1 cucchiaino di cumino, macinato
- Un pizzico di pepe nero
- 1 tazza di brodo vegetale a basso contenuto di sodio
- 2 libbre di foglie di spinaci

Istruzioni:
1. Scaldare una padella con olio d'oliva a fuoco medio, aggiungere lo zenzero, l'aglio e la cipolla, mescolare e far rosolare per 5 minuti.
2. Aggiungere i pomodori, i pomodori in scatola e gli altri ingredienti, mescolare delicatamente, portare a ebollizione e cuocere per altri 10 minuti.
3. Dividete lo spezzatino nelle ciotole e servite.

Nutrizione: Calorie 123, Grassi 4.8, Fibre 7.3, Carboidrati 17, Proteine 8.2

Mix di cavolfiore al curry

Tempo di preparazione: 10 minuti
Tempo di cottura: 25 minuti
Porzioni: 4

Ingredienti:
- 1 cipolla rossa, tritata
- 1 cucchiaio di olio d'oliva
- 2 spicchi d'aglio, tritati
- 1 peperone rosso, tritato
- 1 peperone verde, tritato
- 1 cucchiaio di succo di limone
- Cimette di cavolfiore da 1 libbra
- 14 once di pomodori in scatola, tagliati a dadini
- 2 cucchiaini di curry in polvere
- Un pizzico di pepe nero
- 2 tazze di crema di cocco
- 1 cucchiaio di coriandolo, tritato

Istruzioni:
1. Scaldare una padella con olio d'oliva a fuoco medio, aggiungere la cipolla e l'aglio, mescolare e soffriggere per 5 minuti.
2. Aggiungere i peperoni e gli altri ingredienti, portare ad ebollizione e cuocere a fuoco medio per 20 minuti.
3. Dividete il tutto nelle ciotole e servite.

Nutrizione: Calorie 270, Grassi 7,7, Fibre 5,4, Carboidrati 12,9, Proteine 7

Spezzatino di carote e zucchine

Tempo di preparazione: 10 minuti
Tempo di cottura: 30 minuti
Porzioni: 4

Ingredienti:
- 1 cipolla gialla, tritata
- 2 cucchiai di olio d'oliva
- 2 spicchi d'aglio, tritati
- 4 zucchine a fette
- 2 carote, affettate
- 1 cucchiaino di paprika dolce
- ¼ cucchiaino di peperoncino in polvere
- Un pizzico di pepe nero
- ½ tazza di pomodoro, tagliato a dadini
- 2 tazze di brodo vegetale a basso contenuto di sodio
- 1 cucchiaio di aglio, tritato
- 1 cucchiaio di rosmarino, tritato

Istruzioni:
1. Scaldare una padella con olio d'oliva a fuoco medio, aggiungere la cipolla e l'aglio, mescolare e soffriggere per 5 minuti.
2. Aggiungere le zucchine, le carote e gli altri ingredienti, portare ad ebollizione e cuocere per altri 25 minuti.
3. Dividete lo spezzatino in ciotole e servitelo subito a pranzo.

Nutrizione: Calorie 272, Grassi 4.6, Fibre 4.7, Carboidrati 14.9, Proteine 9

Stufato di cavoli e fagiolini

Tempo di preparazione: 10 minuti
Tempo di cottura: 25 minuti
Porzioni: 4

Ingredienti:
- 2 cucchiai di olio d'oliva
- 1 testa di cavolo rosso, tritato
- 1 cipolla rossa, tritata
- 1 libbra di fagiolini, mondati e tagliati a metà
- 2 spicchi d'aglio, tritati
- 7 once di pomodori in scatola, tagliati a dadini senza sale
- 2 tazze di brodo vegetale a basso contenuto di sodio
- Un pizzico di pepe nero
- 1 cucchiaio di aneto, tritato

Istruzioni:
1. Scaldare una padella con olio d'oliva a fuoco medio, aggiungere la cipolla e l'aglio, mescolare e soffriggere per 5 minuti.
2. Aggiungete la verza e gli altri ingredienti, mescolate, coprite e fate cuocere a fuoco medio per 20 minuti.
3. Dividere in ciotole e servire per il pranzo.

Nutrizione: calorie 281, grassi 8,5, fibre 7,1, carboidrati 14,9, proteine 6,7

Zuppa di funghi

Tempo di preparazione: 5 minuti
Tempo di cottura: 30 minuti
Porzioni: 4

Ingredienti:
- 1 cipolla gialla, tritata
- 1 cucchiaio di olio d'oliva
- 1 peperone rosso, tritato
- 1 cucchiaino di peperoncino in polvere
- ½ cucchiaino di pepe
- 4 spicchi d'aglio, tritati
- 1 libbra di funghi porcini, affettati
- 6 tazze di brodo vegetale a basso contenuto di sodio
- 1 tazza di pomodoro, tritato
- ½ cucchiaio di prezzemolo, tritato

Istruzioni:
1. Scaldare una padella con olio d'oliva a fuoco medio, aggiungere cipolla, peperoncino, peperoncino, peperoncino e aglio, mescolare e soffriggere per 5 minuti.
2. Aggiungere i funghi, mescolare e cuocere per altri 5 minuti.
3. Aggiungere il resto degli ingredienti, portare ad ebollizione e cuocere a fuoco medio per 20 minuti.
4. Dividete la zuppa nelle ciotole e servite.

Nutrizione: Calorie 290, Grassi 6,6, Fibre 4,6, Carboidrati 16,9, Proteine 10

maiale al peperoncino

Tempo di preparazione: 10 minuti
Tempo di cottura: 30 minuti
Porzioni: 4

Ingredienti:
- 2 libbre di maiale in umido, tagliato a dadini
- 2 cucchiai di pasta di peperoncino
- 1 cipolla gialla, tritata
- 2 spicchi d'aglio, tritati
- 1 cucchiaio di olio d'oliva
- 2 tazze di brodo di manzo a basso contenuto di sodio
- 1 cucchiaio di origano tritato

Istruzioni:
1. Scaldare una padella con olio d'oliva a fuoco medio-alto, aggiungere la cipolla e l'aglio, mescolare e far rosolare per 5 minuti.
2. Aggiungere la carne e cuocere per altri 5 minuti.
3. Aggiungere il resto degli ingredienti, portare ad ebollizione e cuocere a fuoco medio per altri 20 minuti.
4. Dividete il composto nelle ciotole e servite.

Nutrizione: Calorie 363, Grassi 8,6, Fibre 7, Carboidrati 17,3, Proteine 18,4

Insalata di funghi con pepe e salmone

Tempo di preparazione: 10 minuti
Tempo di cottura: 20 minuti
Porzioni: 4

Ingredienti:
- 10 once di salmone affumicato, a basso contenuto di sodio, disossato, senza pelle e tagliato a cubetti
- 2 cipolle verdi, tritate
- 2 peperoni rossi, tritati
- 1 cucchiaio di olio d'oliva
- ½ cucchiaino di origano essiccato
- ½ cucchiaino di paprika affumicata
- Un pizzico di pepe nero
- 8 once di funghi porcini, affettati
- 1 cucchiaio di succo di limone
- 1 tazza di olive nere snocciolate e tagliate a metà
- 1 cucchiaio di prezzemolo, tritato

Istruzioni:
1. Scaldare una padella con olio d'oliva a fuoco medio, aggiungere la cipolla e il peperoncino, mescolare e far rosolare per 4 minuti.
2. Aggiungete i funghi, mescolate e fateli rosolare per 5 minuti.
3. Aggiungere il salmone e gli altri ingredienti, mescolare, far bollire il tutto per altri 10 minuti, dividere nelle ciotole e servire a pranzo.

Nutrizione: calorie 321, grassi 8,5, fibre 8, carboidrati 22,2, proteine 13,5

Un misto di ceci e patate

Tempo di preparazione: 10 minuti
Tempo di cottura: 30 minuti
Porzioni: 4

Ingredienti:
- 2 cucchiai di olio d'oliva
- 1 tazza di ceci in scatola non salati, scolati e sciacquati
- 1 libbra di patate dolci, sbucciate e affettate
- 4 spicchi d'aglio, tritati
- 2 scalogni tritati
- 1 tazza di pomodori in scatola, non salati e tritati
- 1 cucchiaino di coriandolo, macinato
- 2 pomodori tagliati
- 1 tazza di brodo vegetale a basso contenuto di sodio
- Un pizzico di pepe nero
- 1 cucchiaio di succo di limone
- 1 cucchiaio di coriandolo, tritato

Istruzioni:
1. Scaldare una padella con olio d'oliva a fuoco medio, aggiungere lo scalogno e l'aglio, mescolare e soffriggere per 5 minuti.
2. Aggiungere i ceci, le patate e gli altri ingredienti, portare ad ebollizione e cuocere a fuoco medio per 25 minuti.
3. Dividete il tutto in ciotole e servite per il pranzo.

Nutrizione: Calorie 341, Grassi 11,7, Fibre 6, Carboidrati 14,9, Proteine 18,7

Mix di pollo al cardamomo

Tempo di preparazione: 10 minuti
Tempo di cottura: 30 minuti
Porzioni: 4

Ingredienti:
- 1 cucchiaio di olio d'oliva
- Petto di pollo senza pelle da 1 libbra, disossato e tagliato a cubetti
- 1 scalogno tritato
- 1 cucchiaio di zenzero, grattugiato
- 2 spicchi d'aglio, tritati
- 1 cucchiaino di cardamomo, macinato
- ½ cucchiaino di curcuma in polvere
- 1 cucchiaino di succo di limone
- 1 tazza di brodo di pollo a basso contenuto di sodio
- 1 cucchiaio di coriandolo, tritato

Istruzioni:
1. Scaldare una padella con olio d'oliva a fuoco medio, aggiungere lo scalogno, lo zenzero, l'aglio, il cardamomo e lo zafferano, mescolare e soffriggere per 5 minuti.
2. Aggiungere la carne e cuocere per 5 minuti.
3. Aggiungete il resto degli ingredienti, portate il tutto a ebollizione e fate cuocere per 20 minuti.
4. Dividete il composto nelle ciotole e servite.

Nutrizione: Calorie 175, Grassi 6,5, Fibre 0,5, Carboidrati 3,3, Proteine 24,7

lenticchie al peperoncino

Tempo di preparazione: 10 minuti
Tempo di cottura: 35 minuti
Porzioni: 6

Ingredienti:
- 1 peperone verde, tritato
- 1 cucchiaio di olio d'oliva
- 2 erba cipollina tritata
- 2 spicchi d'aglio, tritati
- 24 once di lenticchie in scatola, non salate, scolate e sciacquate
- 2 tazze di brodo vegetale
- 2 cucchiai di peperoncino in polvere, leggero
- ½ cucchiaino di polvere di chipotle
- 30 once di pomodori in scatola, non salati, tritati
- Un pizzico di pepe nero

Istruzioni:
1. Scaldare una padella con olio d'oliva a fuoco medio, aggiungere la cipolla e l'aglio, mescolare e soffriggere per 5 minuti.
2. Aggiungere i peperoni, le lenticchie e gli altri ingredienti, portare ad ebollizione e cuocere a fuoco medio per 30 minuti.
3. Dividete il peperoncino in ciotole e servitelo per il pranzo.

Nutrizione: Calorie 466, Grassi 5, Fibre 37,6, Carboidrati 77,9, Proteine 31,2

indivia al rosmarino

Tempo di preparazione: 10 minuti
Tempo di cottura: 20 minuti
Porzioni: 4

Ingredienti:
- 2 indivie tagliate longitudinalmente
- 2 cucchiai di olio d'oliva
- 1 cucchiaino di rosmarino essiccato
- ½ cucchiaino di curcuma in polvere
- Un pizzico di pepe nero

Istruzioni:
1. Unisci l'indivia con l'olio e gli altri ingredienti in una pirofila, mescola delicatamente, metti in forno e cuoci a 400 gradi F per 20 minuti.
2. Dividere nei piatti e servire come contorno.

Nutrizione: Calorie 66, Grassi 7.1, Fibre 1, Carboidrati 1.2, Proteine 0.3

indivia al limone

Tempo di preparazione: 10 minuti
Tempo di cottura: 20 minuti
Porzioni: 4

Ingredienti:
- 4 indivie, tagliate a metà nel senso della lunghezza
- 1 cucchiaio di succo di limone
- 1 cucchiaio di scorza di limone, grattugiata
- 2 cucchiai di parmigiano magro, grattugiato
- 2 cucchiai di olio d'oliva
- Un pizzico di pepe nero

Istruzioni:
1. In una pirofila aggiungere l'indivia con il succo di limone e gli altri ingredienti, tranne il parmigiano, e mescolare.
2. Cospargere di parmigiano, arrostire l'indivia a 400 gradi F per 20 minuti, dividerla nei piatti e servire come contorno.

Nutrizione: Calorie 71, Grassi 7.1, Fibre 0.9, Carboidrati 2.3, Proteine 0.9

pesto di asparagi

Tempo di preparazione: 10 minuti
Tempo di cottura: 20 minuti
Porzioni: 4

Ingredienti:
- 1 libbra di asparagi, tagliati
- 2 cucchiai di pesto di basilico
- 1 cucchiaio di succo di limone
- Un pizzico di pepe nero
- 3 cucchiai di olio d'oliva
- 2 cucchiai di coriandolo, tritato

Istruzioni:
1. Disporre gli asparagi su una teglia, aggiungere il pesto e gli altri ingredienti, mescolare, infornare e cuocere a 200 gradi per 20 minuti.
2. Dividere nei piatti e servire come contorno.

Nutrizione: Calorie 114, Grassi 10,7, Fibre 2,4, Carboidrati 4,6, Proteine 2,6

carota con paprika

Tempo di preparazione: 10 minuti
Tempo di cottura: 30 minuti
Porzioni: 4

Ingredienti:
- 1 libbra di carotine, tagliate
- 1 cucchiaio di paprika dolce
- 1 cucchiaino di succo di limone
- 3 cucchiai di olio d'oliva
- Un pizzico di pepe nero
- 1 cucchiaino di semi di sesamo

Istruzioni:
1. Disporre le carote su una teglia rivestita di carta da forno, aggiungere la paprika e gli altri ingredienti tranne i semi di sesamo, mescolare, infornare e cuocere a 200 gradi per 30 minuti.
2. Dividere le carote nei piatti, cospargere con semi di sesamo e servire come contorno.

Nutrizione: Calorie 142, Grassi 11,3, Fibre 4,1, Carboidrati 11,4, Proteine 1,2

casseruola cremosa di patate

Tempo di preparazione: 10 minuti
Tempo di cottura: 1 ora
Porzioni: 8

Ingredienti:
- 1 libbra di patate dorate, sbucciate e tagliate a dadini
- 2 cucchiai di olio d'oliva
- 1 cipolla rossa, tritata
- 2 spicchi d'aglio, tritati
- 2 tazze di crema di cocco
- 1 cucchiaio di timo, tritato
- ¼ cucchiaino di noce moscata, macinata
- ½ tazza di parmigiano magro, grattugiato

Istruzioni:
1. Scaldare una padella con olio d'oliva a fuoco medio, aggiungere la cipolla e l'aglio e soffriggere per 5 minuti.
2. Aggiungere le patate e cuocere per altri 5 minuti.
3. Versare la panna e gli altri ingredienti, mescolare delicatamente, portare ad ebollizione e cuocere a fuoco medio per altri 40 minuti.
4. Dividete il composto nei piatti e servite come contorno.

Nutrizione: calorie 230, grassi 19,1, fibre 3,3, carboidrati 14,3, proteine 3,6

cavolo al sesamo

Tempo di preparazione: 10 minuti
Tempo di cottura: 20 minuti
Porzioni: 4

Ingredienti:
- 1 libbra di cavolo verde, tritato grossolanamente
- 2 cucchiai di olio d'oliva
- Un pizzico di pepe nero
- 1 scalogno tritato
- 2 spicchi d'aglio, tritati
- 2 cucchiai di aceto balsamico
- 2 cucchiaini di pepe
- 1 cucchiaino di semi di sesamo

Istruzioni:
1. Scaldare una padella con olio d'oliva a fuoco medio, aggiungere lo scalogno e l'aglio e far rosolare per 5 minuti.
2. Aggiungere la verza e gli altri ingredienti, mescolare, cuocere a fuoco medio per 15 minuti, dividere nei piatti e servire.

Nutrizione: Calorie 101, Grassi 7,6, Fibre 3,4, Carboidrati 84, Proteine 1,9

coriandolo broccoli

Tempo di preparazione: 10 minuti
Tempo di cottura: 30 minuti
Porzioni: 4

Ingredienti:
- 2 cucchiai di olio d'oliva
- Cimette di broccoli da 1 libbra
- 2 spicchi d'aglio, tritati
- 2 cucchiai di salsa di peperoni
- 1 cucchiaio di succo di limone
- Un pizzico di pepe nero
- 2 cucchiai di coriandolo, tritato

Istruzioni:
1. Condire i broccoli con olio, aglio e altri ingredienti in una pirofila, rosolarli leggermente, metterli in forno e cuocere a 400 gradi F per 30 minuti.
2. Dividete il composto nei piatti e servite come contorno.

Nutrizione: Calorie 103, Grassi 7,4, Fibre 3, Carboidrati 8,3, Proteine 3,4

Peperoncino con cavoletti di Bruxelles

Tempo di preparazione: 10 minuti
Tempo di cottura: 25 minuti
Porzioni: 4

Ingredienti:
- 1 cucchiaio di olio d'oliva
- 1 libbra di cavoletti di Bruxelles, tagliati e tagliati a metà
- 2 spicchi d'aglio, tritati
- ½ tazza di mozzarella magra, grattugiata
- Un pizzico di scaglie di pepe tritato

Istruzioni:
1. In una pirofila mettete la verza con l'olio e gli altri ingredienti, escluso il formaggio, e mescolate.
2. Cospargere il formaggio sopra, mettere in forno e cuocere a 400 gradi F per 25 minuti.
3. Dividere nei piatti e servire come contorno.

Nutrizione: Calorie 91, Grassi 4.5, Fibre 4.3, Carboidrati 10.9, Proteine 5

Cavolini di Bruxelles e cipollotti misti

Tempo di preparazione: 10 minuti
Tempo di cottura: 25 minuti
Porzioni: 4

Ingredienti:
- 2 cucchiai di olio d'oliva
- 1 libbra di cavoletti di Bruxelles, tagliati e tagliati a metà
- 3 cipolle verdi, tritate
- 2 spicchi d'aglio, tritati
- 1 cucchiaio di aceto balsamico
- 1 cucchiaio di paprika dolce
- Un pizzico di pepe nero

Istruzioni:
1. Condire i cavoletti di Bruxelles con olio e altri ingredienti in una pirofila, mescolare e infornare a 400 gradi F per 25 minuti.
2. Dividere il composto nei piatti e servire.

Nutrizione: Calorie 121, Grassi 7,6, Fibre 5,2, Carboidrati 12,7, Proteine 4,4

purea di cavolfiore

Tempo di preparazione: 10 minuti
Tempo di cottura: 25 minuti
Porzioni: 4

Ingredienti:
- 2 libbre di cimette di cavolfiore
- ½ tazza di latte di cocco
- Un pizzico di pepe nero
- ½ tazza di panna acida a basso contenuto di grassi
- 1 cucchiaio di coriandolo, tritato
- 1 cucchiaio di aglio, tritato

Istruzioni:
1. Mettete il cavolfiore in una pentola, copritelo con acqua, portate a bollore a fuoco medio, fate cuocere per 25 minuti e scolatelo.
2. Schiacciare il cavolfiore, aggiungere il latte, il pepe nero e la panna, sbattere bene, dividere nei piatti, cospargere con il resto degli ingredienti e servire.

Nutrizione: Calorie 188, Grassi 13,4, Fibre 6,4, Carboidrati 15, Proteine 6,1

insalata di avocado

Tempo di preparazione: 5 minuti
Tempo di cottura: 0 minuti
Porzioni: 4

Ingredienti:
- 2 cucchiai di olio d'oliva
- 2 avocado, sbucciati, snocciolati e affettati
- 1 tazza di olive Kalamata, snocciolate e tagliate a metà
- 1 tazza di pomodori, tagliati a cubetti
- 1 cucchiaio di zenzero, grattugiato
- Un pizzico di pepe nero
- 2 tazze di rucola baby
- 1 cucchiaio di aceto balsamico

Istruzioni:
1. In una ciotola unire gli avocado con il kalamata e gli altri ingredienti, mescolare e servire come contorno.

Nutrizione: Calorie 320, Grassi 30,4, Fibre 8,7, Carboidrati 13,9, Proteine 3

Insalata di ravanelli

Tempo di preparazione: 5 minuti
Tempo di cottura: 0 minuti
Porzioni: 4

Ingredienti:
- 2 cipolle verdi, tritate
- 1 libbra di ravanelli, tagliati a dadini
- 2 cucchiai di aceto balsamico
- 2 cucchiai di olio d'oliva
- 1 cucchiaino di peperoncino in polvere
- 1 tazza di olive nere snocciolate e tagliate a metà
- Un pizzico di pepe nero

Istruzioni:
1. In una grande insalatiera unire i ravanelli con le cipolle e gli altri ingredienti, mescolare e servire come contorno.

Nutrizione: Calorie 123, Grassi 10,8, Fibre 3,3, Carboidrati 7, Proteine 1,3

Insalata di cicoria

Tempo di preparazione: 5 minuti
Tempo di cottura: 0 minuti
Porzioni: 4

Ingredienti:
- 2 indivie tritate grossolanamente
- 1 cucchiaio di aneto, tritato
- ¼ tazza di succo di limone
- ¼ tazza di olio d'oliva
- 2 tazze di spinaci novelli
- 2 pomodori, tagliati a cubetti
- 1 cetriolo, affettato
- ½ tazza di noci, tritate

Istruzioni:
1. In una ciotola capiente unire l'indivia con gli spinaci e gli altri ingredienti, mescolare e servire come contorno.

Nutrizione: Calorie 238, Grassi 22,3, Fibre 3,1, Carboidrati 8,4, Proteine 5,7

Una miscela di olive e mais

Tempo di preparazione: 5 minuti
Tempo di cottura: 0 minuti
Porzioni: 4

Ingredienti:
- 2 cucchiai di olio d'oliva
- 1 cucchiaio di aceto balsamico
- Un pizzico di pepe nero
- 4 tazze di mais
- 2 tazze di olive nere snocciolate e tagliate a metà
- 1 cipolla rossa, tritata
- ½ tazza di pomodorini, tagliati a metà
- 1 cucchiaio di basilico, tritato
- 1 cucchiaio di jalapeno, tritato
- 2 tazze di lattuga romana, tritata

Istruzioni:
1. In una ciotola capiente unire il mais con le olive, l'insalata e gli altri ingredienti, mescolare bene, suddividere nei piatti e servire come contorno.

Nutrizione: Calorie 290, Grassi 16,1, Fibre 7,4, Carboidrati 37,6, Proteine 6,2

Insalata di rucola e pinoli

Tempo di preparazione: 5 minuti
Tempo di cottura: 0 minuti
Porzioni: 4

Ingredienti:
- ¼ di tazza di semi di melograno
- 5 tazze di rucola baby
- 6 cucchiai di cipolla verde tritata
- 1 cucchiaio di aceto balsamico
- 2 cucchiai di olio d'oliva
- 3 cucchiai di pinoli
- ½ scalogno tritato

Istruzioni:
1. In un'insalatiera unire la rucola con la melagrana e gli altri ingredienti, mescolare e servire.

Nutrizione: Calorie 120, Grassi 11,6, Fibre 0,9, Carboidrati 4,2, Proteine 1,8

mandorle e spinaci

Tempo di preparazione: 10 minuti
Tempo di cottura: 0 minuti
Porzioni: 4

Ingredienti:
- 2 cucchiai di olio d'oliva
- 2 avocado, sbucciati, snocciolati e affettati
- 3 tazze di spinaci novelli
- ¼ tazza di mandorle, tostate e tritate
- 1 cucchiaio di succo di limone
- 1 cucchiaio di coriandolo, tritato

Istruzioni:
1. In una ciotola mescolare gli avocado con le mandorle, gli spinaci e gli altri ingredienti, mescolare e servire come contorno.

Nutrizione: Calorie 181, Grassi 4, Fibre 4.8, Carboidrati 11.4, Proteine 6

Insalata di fagiolini e mais

Tempo di preparazione: 4 minuti
Tempo di cottura: 0 minuti
Porzioni: 4

Ingredienti:
- Succo di 1 lime
- 2 tazze di lattuga romana, tritata
- 1 tazza di mais
- Mezzo chilo di fagiolini, sbollentati e tagliati a metà
- 1 cetriolo, tritato
- 1/3 di tazza di aglio, tritato

Istruzioni:
1. In una ciotola unire i fagiolini con il mais e gli altri ingredienti, mescolare e servire.

Nutrizione: Calorie 225, Grassi 12, Fibre 2,4, Carboidrati 11,2, Proteine 3,5

Insalata di indivia e cavolo cappuccio

Tempo di preparazione: 4 minuti
Tempo di cottura: 0 minuti
Porzioni: 4

Ingredienti:
- 3 cucchiai di olio d'oliva
- 2 indivie, mondate e tritate
- 2 cucchiai di succo di limone
- 1 cucchiaio di scorza di limone, grattugiata
- 1 cipolla rossa, affettata
- 1 cucchiaio di aceto balsamico
- 1 libbra di cavolo riccio, tritato
- Un pizzico di pepe nero

Istruzioni:
1. In una ciotola unire l'indivia con il cavolo riccio e gli altri ingredienti, mescolare bene e servire fredda come contorno.

Nutrizione: Calorie 270, Grassi 11,4, Fibre 5, Carboidrati 14,3, Proteine 5,7

mangiamo insalata

Tempo di preparazione: 5 minuti
Tempo di cottura: 6 minuti
Porzioni: 4

Ingredienti:
- 2 cucchiai di olio d'oliva
- 2 cucchiai di aceto balsamico
- 2 spicchi d'aglio, tritati
- 3 tazze di edamame, sgusciate
- 1 cucchiaio di aglio, tritato
- 2 scalogni tritati

Istruzioni:
1. Scaldare una padella con l'olio a fuoco medio, aggiungere l'edamame, l'aglio e gli altri ingredienti, mescolare, cuocere per 6 minuti, dividere nei piatti e servire.

Nutrizione: Calorie 270, Grassi 8,4, Fibre 5,3, Carboidrati 11,4, Proteine 6

Insalata di uva e avocado

Tempo di preparazione: 5 minuti
Tempo di cottura: 0 minuti
Porzioni: 4

Ingredienti:
- 2 tazze di spinaci novelli
- 2 avocado, sbucciati, snocciolati e tritati grossolanamente
- 1 cetriolo, affettato
- 1 tazza e ½ di uva cruda, tagliata a metà
- 2 cucchiai di olio di avocado
- 1 cucchiaio di aceto di sidro
- 2 cucchiai di prezzemolo, tritato
- Un pizzico di pepe nero

Istruzioni:
1. In un'insalatiera unire gli spinaci con l'avocado e gli altri ingredienti, mescolare e servire.

Nutrizione: Calorie 277, Grassi 11,4, Fibre 5, Carboidrati 14,6, Proteine 4

Melanzane miste con origano

Tempo di preparazione: 10 minuti
Tempo di cottura: 20 minuti
Porzioni: 4

Ingredienti:
- 2 melanzane grandi, tagliate grossolanamente
- 1 cucchiaio di origano tritato
- ½ tazza di parmigiano magro, grattugiato
- ¼ cucchiaino di aglio in polvere
- 2 cucchiai di olio d'oliva
- Un pizzico di pepe nero

Istruzioni:
1. Unire in una pirofila le melanzane con l'origano e gli altri ingredienti tranne il formaggio e mescolare.
2. Cospargete sopra il parmigiano, infornate e cuocete a 180°C per 20 minuti.
3. Dividere nei piatti e servire come contorno.

Nutrizione: Calorie 248, Grassi 8,4, Fibre 4, Carboidrati 14,3, Proteine 5,4

composto di pomodori arrostiti

Tempo di preparazione: 10 minuti
Tempo di cottura: 20 minuti
Porzioni: 4

Ingredienti:
- 2 chili di pomodori, tagliati a metà
- 1 cucchiaio di basilico, tritato
- 3 cucchiai di olio d'oliva
- 1 scorza di limone, grattugiata
- 3 spicchi d'aglio, tritati
- ¼ tazza di parmigiano magro, grattugiato
- Un pizzico di pepe nero

Istruzioni:
1. Unire in una pirofila i pomodori con il basilico e tutti gli altri ingredienti tranne il formaggio e mescolare.
2. Cospargere il parmigiano, infornare a 180°C per 20 minuti, dividere nei piatti e servire come contorno.

Nutrizione: Calorie 224, Grassi 12, Fibre 4.3, Carboidrati 10.8, Proteine 5.1

funghi al timo

Tempo di preparazione: 10 minuti
Tempo di cottura: 30 minuti
Porzioni: 4

Ingredienti:
- 2 chili di funghi porcini, tagliati a metà
- 4 spicchi d'aglio, tritati
- 2 cucchiai di olio d'oliva
- 1 cucchiaio di timo, tritato
- 2 cucchiai di prezzemolo, tritato
- pepe nero a piacere

Istruzioni:
1. Unisci i funghi con l'aglio e gli altri ingredienti in una teglia, mescola, metti in forno e cuoci a 400 gradi F per 30 minuti.
2. Dividere nei piatti e servire come contorno.

Nutrizione: Calorie 251, Grassi 9,3, Fibre 4, Carboidrati 13,2, Proteine 6

Spezzatino di spinaci e mais

Tempo di preparazione: 10 minuti
Tempo di cottura: 15 minuti
Porzioni: 4

Ingredienti:
- 1 tazza di mais
- 1 libbra di foglie di spinaci
- 1 cucchiaino di paprika dolce
- 1 cucchiaio di olio d'oliva
- 1 cipolla gialla, tritata
- ½ tazza di basilico, strappato
- Un pizzico di pepe nero
- ½ cucchiaino di fiocchi di peperoncino

Istruzioni:
1. Scaldare una padella con olio a fuoco medio, aggiungere la cipolla, mescolare e soffriggere per 5 minuti.
2. Aggiungere il mais, gli spinaci e gli altri ingredienti, mescolare, cuocere a fuoco medio per altri 10 minuti, distribuire nei piatti e servire.

Nutrizione: calorie 201, grassi 13,1, fibre 2,5, carboidrati 14,4, proteine 3,7

Rosolare il mais e l'erba cipollina

Tempo di preparazione: 10 minuti
Tempo di cottura: 15 minuti
Porzioni: 4

Ingredienti:
- 4 tazze di mais
- 1 cucchiaio di olio di avocado
- 2 scalogni tritati
- 1 cucchiaino di peperoncino in polvere
- 2 cucchiai di concentrato di pomodoro, non salato
- 3 erba cipollina tritata
- Un pizzico di pepe nero

Istruzioni:
1. Scaldare una padella con olio d'oliva a fuoco medio, aggiungere la cipolla e il peperoncino, mescolare e far rosolare per 5 minuti.
2. Aggiungere il mais e gli altri ingredienti, mescolare, cuocere per altri 10 minuti, dividere nei piatti e servire come contorno.

Nutrizione: Calorie 259, Grassi 11,1, Fibre 2,6, Carboidrati 13,2, Proteine 3,5

Insalata di spinaci e mango

Tempo di preparazione: 10 minuti
Tempo di cottura: 0 minuti
Porzioni: 4

Ingredienti:
- 1 tazza di mango, sbucciato e tagliato a cubetti
- 4 tazze di spinaci novelli
- 1 cucchiaio di olio d'oliva
- 2 erba cipollina tritata
- 1 cucchiaio di succo di limone
- 1 cucchiaio di capperi, scolati, senza sale
- 1/3 tazza di mandorle, tritate

Istruzioni:
1. In una ciotola unire gli spinaci con il mango e gli altri ingredienti, mescolare e servire.

Nutrizione: Calorie 200, Grassi 7,4, Fibre 3, Carboidrati 4,7, Proteine 4,4

patate alla senape

Tempo di preparazione: 5 minuti
Tempo di cottura: 1 ora
Porzioni: 4

Ingredienti:
- 1 libbra di patate dorate, sbucciate e tagliate a dadini
- 2 cucchiai di olio d'oliva
- Un pizzico di pepe nero
- 2 cucchiai di rosmarino, tritato
- 1 cucchiaio di senape di Digione
- 2 spicchi d'aglio, tritati

Istruzioni:
1. Unisci le patate con l'olio e gli altri ingredienti in una pirofila, mescola, metti in forno a 400 gradi e cuoci per circa 1 ora.
2. Dividere nei piatti e servire subito come contorno.

Nutrizione: Calorie 237, Grassi 11,5, Fibre 6,4, Carboidrati 14,2, Proteine 9

Cavolini di Bruxelles al cocco

Tempo di preparazione: 5 minuti
Tempo di cottura: 30 minuti
Porzioni: 4

Ingredienti:
- 1 libbra di cavoletti di Bruxelles, tagliati e tagliati a metà
- 1 tazza di crema al cocco
- 1 cucchiaio di olio d'oliva
- 2 scalogni tritati
- Un pizzico di pepe nero
- ½ tazza di anacardi tritati

Istruzioni:
1. In una casseruola unire i germogli con la panna e gli altri ingredienti, mescolare e infornare per 30 minuti a 180°C.
2. Dividere nei piatti e servire come contorno.

Nutrizione: Calorie 270, Grassi 6,5, Fibre 5,3, Carboidrati 15,9, Proteine 3,4

salvia carota

Tempo di preparazione: 10 minuti
Tempo di cottura: 30 minuti
Porzioni: 4

Ingredienti:
- 2 cucchiai di olio d'oliva
- 2 cucchiaini di paprika
- 1 libbra di carote, sbucciate e tritate grossolanamente
- 1 cipolla rossa, tritata
- 1 cucchiaio di salvia, tritata
- Un pizzico di pepe nero

Istruzioni:
1. Unisci le carote con l'olio e gli altri ingredienti in una teglia, mescola e inforna a 180 gradi F per 30 minuti.
2. Dividere nei piatti e servire.

Nutrizione: Calorie 200, Grassi 8,7, Fibre 2,5, Carboidrati 7,9, Proteine 4

Funghi all'aglio e mais

Tempo di preparazione: 10 minuti
Tempo di cottura: 20 minuti
Porzioni: 4

Ingredienti:
- 1 libbra di funghi porcini, tagliati a metà
- 2 tazze di mais
- 2 cucchiai di olio d'oliva
- 4 spicchi d'aglio, tritati
- 1 tazza di pomodori in scatola non salati, tritati
- Un pizzico di pepe nero
- ½ cucchiaino di peperoncino in polvere

Istruzioni:
1. Scaldare una padella con olio d'oliva a fuoco medio, aggiungere i funghi, l'aglio e il mais, mescolare e far rosolare per 10 minuti.
2. Aggiungere il resto degli ingredienti, mescolare, cuocere a fuoco medio per altri 10 minuti, dividere nei piatti e servire.

Nutrizione: Calorie 285, Grassi 13, Fibre 2.2, Carboidrati 14.6, Proteine 6.7.

pesto di fagiolini

Tempo di preparazione: 10 minuti
Tempo di cottura: 15 minuti
Porzioni: 4

Ingredienti:
- 2 cucchiai di pesto di basilico
- 2 cucchiaini di paprika
- 1 libbra di fagiolini, mondati e tagliati a metà
- 1 succo di limone
- 2 cucchiai di olio d'oliva
- 1 cipolla rossa, affettata
- Un pizzico di pepe nero

Istruzioni:
1. Scaldare una padella con olio a fuoco medio, aggiungere la cipolla, mescolare e soffriggere per 5 minuti.
2. Aggiungere i fagioli e gli altri ingredienti, mescolare, cuocere a fuoco medio per 10 minuti, distribuire nei piatti e servire.

Nutrizione: Calorie 280, Grassi 10, Fibre 7,6, Carboidrati 13,9, Proteine 4,7

pomodoro con dragoncello

Tempo di preparazione: 5 minuti
Tempo di cottura: 0 minuti
Porzioni: 4

Ingredienti:
- 1 cucchiaio e ½ di olio d'oliva
- 1 libbra di pomodori, affettati
- 1 cucchiaio di succo di limone
- 1 cucchiaio di scorza di limone, grattugiata
- 2 cucchiai di dragoncello, tritato
- Un pizzico di pepe nero

Istruzioni:
1. In una ciotola unire i pomodori con gli altri ingredienti, mescolare e servire come insalata.

Nutrizione: Calorie 170, Grassi 4, Fibre 2.1, Carboidrati 11.8, Proteine 6

Mandorla Di Barbabietola

Tempo di preparazione: 10 minuti
Tempo di cottura: 30 minuti
Porzioni: 4

Ingredienti:
- 4 barbabietole, sbucciate e affettate
- 3 cucchiai di olio d'oliva
- 2 cucchiai di mandorle, tritate
- 2 cucchiai di aceto balsamico
- Un pizzico di pepe nero
- 2 cucchiai di prezzemolo, tritato

Istruzioni:
1. Unisci le barbabietole con l'olio e gli altri ingredienti in una pirofila, mescola, metti in forno e cuoci a 200 gradi per 30 minuti.
2. Dividere il composto nei piatti e servire.

Nutrizione: Calorie 230, Grassi 11, Fibre 4.2, Carboidrati 7.3, Proteine 3.6

Pomodoro, menta e mais

Tempo di preparazione: 5 minuti
Tempo di cottura: 0 minuti
Porzioni: 4

Ingredienti:
- 2 cucchiai di menta, tritata
- 1 libbra di pomodori, affettati
- 2 tazze di mais
- 2 cucchiai di olio d'oliva
- 1 cucchiaio di aceto di rosmarino
- Un pizzico di pepe nero

Istruzioni:
1. In un'insalatiera unire il pomodoro con il mais e gli altri ingredienti, mescolare e servire.

Apprezzare!

Nutrizione: Calorie 230, Grassi 7,2, Fibre 2, Carboidrati 11,6, Proteine 4

Salsa di zucchine e avocado

Tempo di preparazione: 5 minuti
Tempo di cottura: 10 minuti
Porzioni: 4

Ingredienti:
- 2 cucchiai di olio d'oliva
- 2 zucchine, tagliate a cubetti
- 1 avocado sbucciato, snocciolato e tritato
- 2 pomodori, tagliati a cubetti
- 1 cetriolo, tagliato a dadini
- 1 cipolla gialla, tritata
- 2 cucchiai di succo di limone fresco
- 2 cucchiai di coriandolo, tritato

Istruzioni:
1. Scaldare una padella con l'olio a fuoco medio, aggiungere la cipolla e le zucchine, mescolare e cuocere per 5 minuti.
2. Aggiungere il resto degli ingredienti, mescolare, cuocere per altri 5 minuti, dividere nei piatti e servire.

Nutrizione: calorie 290, grassi 11,2, fibre 6,1, carboidrati 14,7, proteine 5,6

Mix di mele e cavoli

Tempo di preparazione: 5 minuti
Tempo di cottura: 0 minuti
Porzioni: 4

Ingredienti:
- 2 mele verdi, senza torsolo e tagliate a cubetti
- 1 testa di cavolo rosso, tritato
- 2 cucchiai di aceto balsamico
- ½ cucchiaino di cumino
- 2 cucchiai di olio d'oliva
- pepe nero a piacere

Istruzioni:
1. In una ciotola unire la verza con le mele e gli altri ingredienti, mescolare e servire come insalata.

Nutrizione: Calorie 165, Grassi 7,4, Fibre 7,3, Carboidrati 26, Proteine 2,6

barbabietola arrostita

Tempo di preparazione: 10 minuti
Tempo di cottura: 30 minuti
Porzioni: 4

Ingredienti:
- 4 barbabietole, sbucciate e affettate
- 2 cucchiai di olio d'oliva
- 2 spicchi d'aglio, tritati
- Un pizzico di pepe nero
- ¼ di tazza di prezzemolo, tritato
- ¼ tazza di noci, tritate

Istruzioni:
1. Unire le barbabietole con l'olio e gli altri ingredienti in una pirofila, mescolare bene, infornare a 180 gradi, cuocere per 30 minuti, dividere nei piatti e servire come contorno.

Nutrizione: Calorie 156, Grassi 11,8, Fibre 2,7, Carboidrati 11,5, Proteine 3,8

cavolo all'aneto

Tempo di preparazione: 10 minuti
Tempo di cottura: 15 minuti
Porzioni: 4

Ingredienti:
- 1 libbra di cavolo verde, tritato
- 1 cipolla gialla, tritata
- 1 pomodoro, tagliato a dadini
- 1 cucchiaio di aneto, tritato
- Un pizzico di pepe nero
- 1 cucchiaio di olio d'oliva

Istruzioni:
1. Scaldare una padella con olio a fuoco medio, aggiungere la cipolla e farla soffriggere per 5 minuti.
2. Aggiungere la verza e gli altri ingredienti, mescolare, cuocere a fuoco medio per 10 minuti, dividere nei piatti e servire.

Nutrizione: Calorie 74, Grassi 3,7, Fibre 3,7, Carboidrati 10,2, Proteine 2,1

Insalata di cavoli e carote

Tempo di preparazione: 5 minuti
Tempo di cottura: 0 minuti
Porzioni: 4

Ingredienti:
- 2 scalogni tritati
- 2 carote, grattugiate
- 1 grande testa di cavolo rosso, grattugiato
- 1 cucchiaio di olio d'oliva
- 1 cucchiaio di aceto rosso
- Un pizzico di pepe nero
- 1 cucchiaio di succo di limone

Istruzioni:
1. Unisci il cavolo riccio con lo scalogno e gli altri ingredienti in una ciotola, mescola e servi come insalata.

Nutrizione: Calorie 106, Grassi 3,8, Fibre 6,5, Carboidrati 18, Proteine 3,3

Salsa di pomodoro e olive

Tempo di preparazione: 10 minuti
Tempo di cottura: 0 minuti
Porzioni: 6

Ingredienti:
- 1 libbra di pomodorini, tagliati a metà
- 2 cucchiai di olio d'oliva
- 1 tazza di olive Kalamata, snocciolate e tagliate a metà
- Un pizzico di pepe nero
- 1 cipolla rossa, tritata
- 1 cucchiaio di aceto balsamico
- ¼ tazza di coriandolo, tritato

Istruzioni:
1. Unisci i pomodori con le olive e gli altri ingredienti in una ciotola, mescola e servi come insalata.

Nutrizione: Calorie 131, Grassi 10,9, Fibre 3,1, Carboidrati 9,2, Proteine 1,6

Insalata di zucchine

Tempo di preparazione: 4 minuti
Tempo di cottura: 0 minuti
Porzioni: 4

Ingredienti:
- 2 zucchine, affettate con uno spiralizzatore
- 1 cipolla rossa, affettata
- 1 cucchiaio di pesto di basilico
- 1 cucchiaio di succo di limone
- 1 cucchiaio di olio d'oliva
- ½ tazza di coriandolo, tritato
- pepe nero a piacere

Istruzioni:
1. In un'insalatiera unire le zucchine con la cipolla e gli altri ingredienti, mescolare e servire.

Nutrizione: Calorie 58, Grassi 3,8, Fibre 1,8, Carboidrati 6, Proteine 1,6

Insalata di carote al curry

Tempo di preparazione: 4 minuti
Tempo di cottura: 0 minuti
Porzioni: 4

Ingredienti:
- 1 libbra di carote, sbucciate e grattugiate grossolanamente
- 2 cucchiai di olio di avocado
- 2 cucchiai di succo di limone
- 3 cucchiai di semi di sesamo
- ½ cucchiaino di curry in polvere
- 1 cucchiaino di rosmarino essiccato
- ½ cucchiaino di cumino, macinato

Istruzioni:
1. Unisci in una ciotola le carote con l'olio, il succo di limone e gli altri ingredienti, mescola e servi freddo come contorno.

Nutrizione: Calorie 99, Grassi 4.4, Fibre 4.2, Carboidrati 13.7, Proteine 2.4

Insalata di lattuga e barbabietola

Tempo di preparazione: 5 minuti
Tempo di cottura: 0 minuti
Porzioni: 4

Ingredienti:
- 1 cucchiaio di zenzero, grattugiato
- 2 spicchi d'aglio, tritati
- 4 tazze di lattuga romana, strappata
- 1 barbabietola, sbucciata e grattugiata
- 2 cipolle verdi, tritate
- 1 cucchiaio di aceto balsamico
- 1 cucchiaio di semi di sesamo

Istruzioni:
1. In una ciotola unire l'insalata con lo zenzero, l'aglio e gli altri ingredienti, mescolare e servire come contorno.

Nutrizione: Calorie 42, Grassi 1,4, Fibre 1,5, Carboidrati 6,7, Proteine 1,4

ravanello alle erbe

Tempo di preparazione: 5 minuti
Tempo di cottura: 0 minuti
Porzioni: 4

Ingredienti:
- 1 libbra di ravanelli rossi, tritati grossolanamente
- 1 cucchiaio di aglio, tritato
- 1 cucchiaio di prezzemolo, tritato
- 1 cucchiaio di origano tritato
- 2 cucchiai di olio d'oliva
- 1 cucchiaio di succo di limone
- pepe nero a piacere

Istruzioni:
1. In un'insalatiera unire i ravanelli con l'erba cipollina e gli altri ingredienti, mescolare e servire.

Nutrizione: Calorie 85, Grassi 7,3, Fibre 2,4, Carboidrati 5,6, Proteine 1

Miscela di finocchi arrostiti

Tempo di preparazione: 5 minuti
Tempo di cottura: 20 minuti
Porzioni: 4

Ingredienti:
- 2 bulbi di finocchio tritati
- 1 cucchiaino di paprika dolce
- 1 cipolla rossa piccola, tritata
- 2 cucchiai di olio d'oliva
- 2 cucchiai di succo di limone
- 2 cucchiai di aneto, tritato
- pepe nero a piacere

Istruzioni:
1. In una casseruola unire i finocchi con la paprika e gli altri ingredienti, mescolare e infornare a 180° per 20 minuti.
2. Dividere il composto nei piatti e servire.

Nutrizione: Calorie 114, Grassi 7,4, Fibre 4,5, Carboidrati 13,2, Proteine 2,1

Peperoni arrostiti

Tempo di preparazione: 10 minuti
Tempo di cottura: 30 minuti
Porzioni: 4

Ingredienti:
- 1 libbra di peperoni misti, affettati
- 1 cipolla rossa, affettata sottilmente
- 2 cucchiai di olio d'oliva
- pepe nero a piacere
- 1 cucchiaio di origano tritato
- 2 cucchiai di foglie di menta, tritate

Istruzioni:
1. Unisci i peperoni con le cipolle e gli altri ingredienti in una padella, mescola e cuoci a 180 gradi F per 30 minuti.
2. Dividere il composto nei piatti e servire.

Nutrizione: Calorie 240, Grassi 8.2, Fibre 4.2, Carboidrati 11.3, Proteine 5.6

Stufato di datteri e cavoli

Tempo di preparazione: 5 minuti
Tempo di cottura: 15 minuti
Porzioni: 4

Ingredienti:
- 1 libbra di cavolo rosso, tritato
- 8 datteri snocciolati e affettati
- 2 cucchiai di olio d'oliva
- ¼ di tazza di brodo vegetale a basso contenuto di sodio
- 2 cucchiai di aglio, tritato
- 2 cucchiai di succo di limone
- pepe nero a piacere

Istruzioni:
1. Scaldare una padella con olio a fuoco medio, aggiungere il cavolo cappuccio e i datteri, mescolare e cuocere per 4 minuti.
2. Versare il brodo e gli altri ingredienti, mescolare, cuocere a fuoco medio per altri 11 minuti, dividere nei piatti e servire.

Nutrizione: Calorie 280, Grassi 8.1, Fibre 4.1, Carboidrati 8.7, Proteine 6.3

miscela di fagioli neri

Tempo di preparazione: 4 minuti
Tempo di cottura: 0 minuti
Porzioni: 4

Ingredienti:
- 3 tazze di fagioli neri in scatola, non salati, scolati e sciacquati
- 1 tazza di pomodorini, tagliati a metà
- 2 scalogni tritati
- 3 cucchiai di olio d'oliva
- 1 cucchiaio di aceto balsamico
- pepe nero a piacere
- 1 cucchiaio di aglio, tritato

Istruzioni:
1. Unire in una ciotola i fagioli con il pomodoro e gli altri ingredienti, mescolare e servire freddo come contorno.

Nutrizione: Calorie 310, Grassi 11.0, Fibre 5.3, Carboidrati 19.6, Proteine 6.8

Un misto di olive e indivia

Tempo di preparazione: 4 minuti
Tempo di cottura: 0 minuti
Porzioni: 4

Ingredienti:
- 2 erba cipollina tritata
- 2 indivie tritate
- 1 tazza di olive nere snocciolate e affettate
- ½ tazza di olive Kalamata, snocciolate e affettate
- ¼ di tazza di aceto di mele
- 2 cucchiai di olio d'oliva
- 1 cucchiaio di coriandolo, tritato

Istruzioni:
1. Uniamo in una ciotola l'indivia con le olive e gli altri ingredienti, mescoliamo e serviamo.

Nutrizione: calorie 230, grassi 9,1, fibre 6,3, carboidrati 14,6, proteine 7,2

Insalata di pomodori e cetriolo

Tempo di preparazione: 5 minuti
Tempo di cottura: 0 minuti
Porzioni: 4

Ingredienti:
- ½ chilo di pomodori a cubetti
- 2 cetrioli, affettati
- 1 cucchiaio di olio d'oliva
- 2 erba cipollina tritata
- pepe nero a piacere
- Succo di 1 lime
- ½ tazza di basilico, tritato

Istruzioni:
1. In un'insalatiera unire i pomodori con i cetrioli e gli altri ingredienti, mescolare e servire freddo.

Nutrizione: Calorie 224, Grassi 11,2, Fibre 5,1, Carboidrati 8,9, Proteine 6,2

Insalata di peperoni e carote

Tempo di preparazione: 5 minuti
Tempo di cottura: 0 minuti
Porzioni: 4

Ingredienti:
- 1 tazza di pomodorini, tagliati a metà
- 1 peperone giallo, tritato
- 1 peperone rosso, tritato
- 1 peperone verde, tritato
- ½ libbra di carote, grattugiate
- 3 cucchiai di aceto di vino rosso
- 2 cucchiai di olio d'oliva
- 1 cucchiaio di coriandolo, tritato
- pepe nero a piacere

Istruzioni:
1. In un'insalatiera unire i pomodori con il peperone, le carote e gli altri ingredienti, mescolare e servire come insalata.

Nutrizione: Calorie 123, Grassi 4, Fibre 8,4, Carboidrati 14,4, Proteine 1,1

Una miscela di fagioli neri e riso

Tempo di preparazione: 10 minuti
Tempo di cottura: 30 minuti
Porzioni: 4

Ingredienti:
- 2 cucchiai di olio d'oliva
- 1 cipolla gialla, tritata
- 1 tazza di fagioli neri in scatola non salati, scolati e sciacquati
- 2 tazze di riso nero
- 4 tazze di brodo di pollo a basso contenuto di sodio
- 2 cucchiai di timo, tritato
- ½ scorza di limone, grattugiata
- Un pizzico di pepe nero

Istruzioni:
1. Scaldare una padella con olio d'oliva a fuoco medio, aggiungere la cipolla, mescolare e soffriggere per 4 minuti.
2. Aggiungere i fagioli, il riso e gli altri ingredienti, mescolare, portare a ebollizione e cuocere a fuoco medio per 25 minuti.
3. Mescolare il composto, dividerlo nei piatti e servire.

Nutrizione: Calorie 290, Grassi 15,3, Fibre 6,2, Carboidrati 14,6, Proteine 8

Un misto di riso e cavolfiore

Tempo di preparazione: 10 minuti
Tempo di cottura: 25 minuti
Porzioni: 4

Ingredienti:
- 1 tazza di cimette di cavolfiore
- 1 tazza di riso bianco
- 2 tazze di brodo di pollo a basso contenuto di sodio
- 1 cucchiaio di olio di avocado
- 2 scalogni tritati
- ¼ tazza di mirtilli rossi
- ½ tazza di mandorle, affettate

Istruzioni:
1. Scaldare una padella con olio d'oliva a fuoco medio, aggiungere lo scalogno, mescolare e soffriggere per 5 minuti.
2. Aggiungere il cavolfiore, il riso e gli altri ingredienti, mescolare, portare a ebollizione e cuocere a fuoco medio per 20 minuti.
3. Dividere il composto nei piatti e servire.

Nutrizione: Calorie 290, Grassi 15,1, Fibre 5,6, Carboidrati 7, Proteine 4,5

miscela di fagioli balsamici

Tempo di preparazione: 10 minuti
Tempo di cottura: 0 minuti
Porzioni: 4

Ingredienti:
- 2 tazze di fagioli neri in scatola, non salati, scolati e sciacquati
- 2 tazze di fagioli bianchi in scatola, non salati, scolati e sciacquati
- 2 cucchiai di aceto balsamico
- 2 cucchiai di olio d'oliva
- 1 cucchiaino di origano essiccato
- 1 cucchiaino di basilico essiccato
- 1 cucchiaio di aglio, tritato

Istruzioni:
1. In un'insalatiera irrorate i fagioli con l'aceto e gli altri ingredienti, mescolate e servite come insalata.

Nutrizione: Calorie 322, Grassi 15,1, Fibre 10, Carboidrati 22,0, Proteine 7

barbabietola cremosa

Tempo di preparazione: 5 minuti
Tempo di cottura: 20 minuti
Porzioni: 4

Ingredienti:
- Barbabietole da 1 libbra, sbucciate e tagliate a dadini
- 1 cipolla rossa, tritata
- 1 cucchiaio di olio d'oliva
- ½ tazza di crema di cocco
- 4 cucchiai di yogurt magro
- 1 cucchiaio di aglio, tritato

Istruzioni:
1. Scaldare una padella con olio d'oliva a fuoco medio, aggiungere la cipolla, mescolare e soffriggere per 4 minuti.
2. Aggiungere la barbabietola rossa, la panna acida e gli altri ingredienti, mescolare, cuocere a fuoco medio per altri 15 minuti, dividere nei piatti e servire.

Nutrizione: Calorie 250, Grassi 13,4, Fibre 3, Carboidrati 13,3, Proteine 6,4

Mix di avocado e pepe

Tempo di preparazione: 10 minuti
Tempo di cottura: 14 minuti
Porzioni: 4

Ingredienti:
- 1 cucchiaio di olio di avocado
- 1 cucchiaino di paprika dolce
- 1 libbra di peperoni misti, tagliati a listarelle
- 1 avocado sbucciato, snocciolato e tagliato a metà
- 1 cucchiaino di aglio in polvere
- 1 cucchiaino di rosmarino essiccato
- ½ tazza di brodo vegetale a basso contenuto di sodio
- pepe nero a piacere

Istruzioni:
1. Scaldare una padella con olio d'oliva a fuoco medio, aggiungere tutti i peperoni, mescolare e friggere per 5 minuti.
2. Aggiungere il resto degli ingredienti, mescolare, cuocere per altri 9 minuti a fuoco medio, dividere nei piatti e servire.

Nutrizione: Calorie 245, Grassi 13,8, Fibre 5, Carboidrati 22,5, Proteine 5,4

Patate dolci e barbabietole arrostite

Tempo di preparazione: 10 minuti
Tempo di cottura: 1 ora
Porzioni: 4

Ingredienti:
- 3 cucchiai di olio d'oliva
- 2 patate dolci, sbucciate e tagliate in quarti
- 2 barbabietole, sbucciate e affettate
- 1 cucchiaio di origano tritato
- 1 cucchiaio di succo di limone
- pepe nero a piacere

Istruzioni:
1. Disporre le patate dolci e le barbabietole su una teglia foderata, aggiungere gli ingredienti rimanenti, mescolare, mettere in forno e cuocere a 180 °C per 1 ora.
2. Dividere nei piatti e servire come contorno.

Nutrizione: Calorie 240, Grassi 11,2, Fibre 4, Carboidrati 8,6, Proteine 12,1

cavolo brasato

Tempo di preparazione: 10 minuti
Tempo di cottura: 15 minuti
Porzioni: 4

Ingredienti:
- 2 cucchiai di olio d'oliva
- 3 cucchiai di aminoacidi del cocco
- 1 libbra di cavolo riccio, tritato
- 1 cipolla rossa, tritata
- 2 spicchi d'aglio, tritati
- 1 cucchiaio di succo di limone
- 1 cucchiaio di coriandolo, tritato

Istruzioni:
1. Scaldare una padella con olio d'oliva a fuoco medio, aggiungere la cipolla e l'aglio e soffriggere per 5 minuti.
2. Aggiungere la verza e gli altri ingredienti, mescolare, cuocere a fuoco medio per 10 minuti, distribuire nei piatti e servire.

Nutrizione: Calorie 200, Grassi 7,1, Fibre 2, Carboidrati 6,4, Proteine 6

carote condite

Tempo di preparazione: 10 minuti
Tempo di cottura: 20 minuti
Porzioni: 4

Ingredienti:
- 1 cucchiaio di succo di limone
- 1 cucchiaio di olio d'oliva
- ½ cucchiaino di pimento macinato
- ½ cucchiaino di cumino, macinato
- ½ cucchiaino di noce moscata, macinata
- 1 libbra di carotine, tagliate
- 1 cucchiaio di rosmarino, tritato
- pepe nero a piacere

Istruzioni:
1. Unire le carote con il succo di limone, l'olio e gli altri ingredienti in una casseruola, mescolare, infornare e cuocere a 400 gradi F per 20 minuti.
2. Dividere nei piatti e servire.

Nutrizione: Calorie 260, Grassi 11,2, Fibre 4,5, Carboidrati 8,3, Proteine 4,3

carciofi al limone

Tempo di preparazione: 10 minuti
Tempo di cottura: 20 minuti
Porzioni: 4

Ingredienti:
- 2 cucchiai di succo di limone
- 4 carciofi mondati e tagliati a metà
- 1 cucchiaio di aneto, tritato
- 2 cucchiai di olio d'oliva
- Un pizzico di pepe nero

Istruzioni:
1. Unisci i carciofi con il succo di limone e gli altri ingredienti in una padella, mescola delicatamente e inforna a 400 gradi F per 20 minuti. Dividere nei piatti e servire.

Nutrizione: Calorie 140, Grassi 7,3, Fibre 8,9, Carboidrati 17,7, Proteine 5,5

Broccoli, fagioli e riso

Tempo di preparazione: 10 minuti
Tempo di cottura: 30 minuti
Porzioni: 4

Ingredienti:
- 1 tazza di cimette di broccoli tritate
- 1 tazza di fagioli neri in scatola, non salati, scolati
- 1 tazza di riso bianco
- 2 tazze di brodo di pollo a basso contenuto di sodio
- 2 cucchiaini di paprika
- pepe nero a piacere

Istruzioni:
1. Versare il brodo in una pentola, porre su fuoco medio, aggiungere il riso e gli altri ingredienti, mescolare, portare ad ebollizione e cuocere per 30 minuti mescolando di tanto in tanto.
2. Dividete il composto nei piatti e servite come contorno.

Nutrizione: Calorie 347, Grassi 1.2, Fibre 9, Carboidrati 69.3, Proteine 15.1

Mix di zucca arrosto

Tempo di preparazione: 10 minuti
Tempo di cottura: 45 minuti
Porzioni: 4

Ingredienti:
- 2 cucchiai di olio d'oliva
- 2 libbre di zucca, sbucciata e affettata
- 1 cucchiaio di succo di limone
- 1 cucchiaino di peperoncino in polvere
- 1 cucchiaino di aglio in polvere
- 2 cucchiaini di coriandolo, tritato
- Un pizzico di pepe nero

Istruzioni
1. Unisci la zucca con l'olio e gli altri ingredienti in una casseruola, mescola delicatamente, inforna a 400 gradi F per 45 minuti, distribuisci nei piatti e servi come contorno.

Nutrizione: Calorie 167, Grassi 7,4, Fibre 4,9, Carboidrati 27,5, Proteine 2,5

asparagi cremosi

Tempo di preparazione: 5 minuti
Tempo di cottura: 20 minuti
Porzioni: 4

Ingredienti:
- ½ cucchiaino di noce moscata, macinata
- 1 libbra di asparagi, mondati e tagliati a metà
- 1 tazza di crema al cocco
- 1 cipolla gialla, tritata
- 2 cucchiai di olio d'oliva
- 1 cucchiaio di succo di limone
- 1 cucchiaio di coriandolo, tritato

Istruzioni:
1. Scaldare una padella con olio d'oliva a fuoco medio, aggiungere la cipolla e la noce moscata, mescolare e soffriggere per 5 minuti.
2. Aggiungere gli asparagi e gli altri ingredienti, mescolare, portare a ebollizione e cuocere a fuoco medio per 15 minuti.
3. Dividere nei piatti e servire.

Nutrizione: Calorie 236, Grassi 21,6, Fibre 4,4, Carboidrati 11,4, Proteine 4,2

Mix di rape e basilico

Tempo di preparazione: 10 minuti
Tempo di cottura: 15 minuti
Porzioni: 4

Ingredienti:
- 1 cucchiaio di olio di avocado
- 4 rape, affettate
- ¼ tazza di basilico, tritato
- pepe nero a piacere
- ¼ di tazza di brodo vegetale a basso contenuto di sodio
- ½ tazza di noci, tritate
- 2 spicchi d'aglio, tritati

Istruzioni:
1. Scaldare una padella con olio d'oliva a fuoco medio, aggiungere l'aglio e le rape e far rosolare per 5 minuti.
2. Aggiungere il resto degli ingredienti, mescolare, cuocere per altri 10 minuti, dividere nei piatti e servire.

Nutrizione: Calorie 140, Grassi 9,7, Fibre 3,3, Carboidrati 10,5, Proteine 5

Una miscela di riso e capperi

Tempo di preparazione: 10 minuti
Tempo di cottura: 20 minuti
Porzioni: 4

Ingredienti:
- 1 tazza di riso bianco
- 1 cucchiaio di capperi, tritati
- 2 tazze di brodo di pollo a basso contenuto di sodio
- 1 cipolla rossa, tritata
- 1 cucchiaio di olio di avocado
- 1 cucchiaio di coriandolo, tritato
- 1 cucchiaino di paprika dolce

Istruzioni:
1. Scaldare una padella con olio a fuoco medio, aggiungere la cipolla, mescolare e soffriggere per 5 minuti.
2. Aggiungete il riso, i capperi e gli altri ingredienti, mescolate, portate a ebollizione e fate cuocere per 15 minuti.
3. Dividete il composto nei piatti e servite come contorno.

Nutrizione: Calorie 189, Grassi 0,9, Fibre 1,6, Carboidrati 40,2, Proteine 4,3

Un misto di spinaci e cavoli

Tempo di preparazione: 5 minuti
Tempo di cottura: 15 minuti
Porzioni: 4

Ingredienti:
- 2 tazze di spinaci novelli
- 5 tazze di cavolo, tritato
- 2 scalogni tritati
- 2 spicchi d'aglio, tritati
- 1 tazza di pomodori in scatola non salati, tritati
- 1 cucchiaio di olio d'oliva

Istruzioni:
1. Scaldare una padella con olio d'oliva a fuoco medio, aggiungere lo scalogno, mescolare e soffriggere per 5 minuti.
2. Aggiungere gli spinaci, il cavolo riccio e gli altri ingredienti, mescolare, cuocere per altri 10 minuti, distribuire nei piatti e servire come contorno.

Nutrizione: Calorie 89, Grassi 3,7, Fibre 2,2, Carboidrati 12,4, Proteine 3,6

Misto gamberi e ananas

Tempo di preparazione: 10 minuti
Tempo di cottura: 10 minuti
Porzioni: 4

Ingredienti:
- 1 cucchiaio di olio d'oliva
- 1 libbra di gamberetti, sbucciati ed eviscerati
- 1 tazza di ananas sbucciato e tritato
- 1 succo di limone
- Un rametto di prezzemolo, tritato

Istruzioni:
1. Scaldare una padella con olio a fuoco medio, aggiungere i gamberi e cuocere per 3 minuti su ciascun lato.
2. Aggiungete il resto degli ingredienti, fate cuocere per altri 4 minuti, dividete nelle ciotole e servite.

Nutrizione: Calorie 254, Grassi 13,3, Fibre 6, Carboidrati 14,9, Proteine 11

Salmone e olive verdi

Tempo di preparazione: 10 minuti
Tempo di cottura: 20 minuti
Porzioni: 4

Ingredienti:
- 1 cipolla gialla, tritata
- 1 tazza di olive verdi, snocciolate e tagliate a metà
- 1 cucchiaino di peperoncino in polvere
- pepe nero a piacere
- 2 cucchiai di olio d'oliva
- ¼ di tazza di brodo vegetale a basso contenuto di sodio
- 4 filetti di salmone senza pelle e disossati
- 2 cucchiai di aglio, tritato

Istruzioni:
1. Scaldare una padella con olio a fuoco medio, aggiungere la cipolla e soffriggere per 3 minuti.
2. Aggiungere il salmone e cuocere 5 minuti per lato. Aggiungete il resto degli ingredienti, fate cuocere per altri 5 minuti, distribuite nei piatti e servite.

Nutrizione: Calorie 221, Grassi 12,1, Fibre 5,4, Carboidrati 8,5, Proteine 11,2

salmone e finocchio

Tempo di preparazione: 5 minuti
Tempo di cottura: 15 minuti
Porzioni: 4

Ingredienti:
- 4 filetti di salmone medi, senza pelle e disossati
- 1 bulbo di finocchio, tritato
- ½ tazza di brodo vegetale a basso contenuto di sodio
- 2 cucchiai di olio d'oliva
- pepe nero a piacere
- ¼ di tazza di brodo vegetale a basso contenuto di sodio
- 1 cucchiaio di succo di limone
- 1 cucchiaio di coriandolo, tritato

Istruzioni:
1. Scaldare una padella con olio d'oliva a fuoco medio, aggiungere i finocchi e friggere per 3 minuti.
2. Aggiungere il pesce e cuocere 4 minuti per lato.
3. Aggiungete il resto degli ingredienti, fate cuocere per altri 4 minuti, distribuite nei piatti e servite.

Nutrizione: Calorie 252, Grassi 9,3, Fibre 4,2, Carboidrati 12,3, Proteine 9

merluzzo e asparagi

Tempo di preparazione: 10 minuti
Tempo di cottura: 14 minuti
Porzioni: 4

Ingredienti:
- 1 cucchiaio di olio d'oliva
- 1 cipolla rossa, tritata
- Filetti di merluzzo da 1 libbra, disossati
- 1 mazzetto di asparagi, mondati
- pepe nero a piacere
- 1 tazza di crema al cocco
- 1 cucchiaio di aglio, tritato

Istruzioni:
1. Scaldare una padella con olio d'oliva a fuoco medio, aggiungere la cipolla e il merluzzo e rosolarli per 3 minuti su ciascun lato.
2. Aggiungete il resto degli ingredienti, fate cuocere per altri 8 minuti, distribuite nei piatti e servite.

Nutrizione: Calorie 254, Grassi 12,1, Fibre 5,4, Carboidrati 4,2, Proteine 13,5

Gamberi piccanti

Tempo di preparazione: 5 minuti
Tempo di cottura: 8 minuti
Porzioni: 4

Ingredienti:
- 1 cucchiaino di aglio in polvere
- 1 cucchiaino di paprika affumicata
- 1 cucchiaino di cumino, macinato
- 1 cucchiaino di pimento macinato
- 2 cucchiai di olio d'oliva
- 2 libbre di gamberetti, sbucciati ed eviscerati
- 1 cucchiaio di aglio, tritato

Istruzioni:
1. Scaldare una padella con olio d'oliva a fuoco medio, aggiungere i gamberi, i porri e gli altri ingredienti, friggerli per 4 minuti per lato, dividere nelle ciotole e servire.

Nutrizione: Calorie 212, Grassi 9,6, Fibre 5,3, Carboidrati 12,7, Proteine 15,4

spigola e pomodoro

Tempo di preparazione: 10 minuti
Tempo di cottura: 30 minuti
Porzioni: 4

Ingredienti:
- 2 cucchiai di olio d'oliva
- 2 libbre di filetti di branzino senza pelle e disossati
- pepe nero a piacere
- 2 tazze di pomodorini, tagliati a metà
- 1 cucchiaio di aglio, tritato
- 1 cucchiaio di scorza di limone, grattugiata
- ¼ tazza di succo di limone

Istruzioni:
1. Ungete una pirofila con olio e adagiatevi il pesce.
2. Aggiungere i pomodori e gli altri ingredienti, mettere la teglia nel forno e cuocere a 180°C per 30 minuti.
3. Dividete il tutto nei piatti e servite.

Nutrizione: Calorie 272, Grassi 6,9, Fibre 6,2, Carboidrati 18,4, Proteine 9

gamberi e fagioli

Tempo di preparazione: 10 minuti
Tempo di cottura: 12 minuti
Porzioni: 4

Ingredienti:
- 1 libbra di gamberetti, sbucciati ed eviscerati
- 1 cucchiaio di olio d'oliva
- Succo di 1 lime
- 1 tazza di fagioli neri in scatola, non salati, scolati
- 1 scalogno tritato
- 1 cucchiaio di origano tritato
- 2 spicchi d'aglio, tritati
- pepe nero a piacere

Istruzioni:
1. Scaldare una padella con olio d'oliva a fuoco medio, aggiungere lo scalogno e l'aglio, mescolare e soffriggere per 3 minuti.
2. Aggiungere i gamberetti e cuocere 2 minuti per lato.
3. Aggiungete i fagioli e gli altri ingredienti, fate cuocere a fuoco medio per altri 5 minuti, dividete nelle ciotole e servite.

Nutrizione: calorie 253, grassi 11,6, fibre 6, carboidrati 14,5, proteine 13,5

Mix di gamberetti e rafano

Tempo di preparazione: 5 minuti
Tempo di cottura: 8 minuti
Porzioni: 4

Ingredienti:
- 1 libbra di gamberetti, sbucciati ed eviscerati
- 2 scalogni tritati
- 1 cucchiaio di olio d'oliva
- 1 cucchiaio di aglio, tritato
- 2 cucchiaini di rafano preparato
- ¼ di tazza di crema di cocco
- pepe nero a piacere

Istruzioni:
4 Scaldare una padella con olio d'oliva a fuoco medio, aggiungere lo scalogno e il rafano, mescolare e friggere per 2 minuti.
5 Aggiungere i gamberi e gli altri ingredienti, mescolare, cuocere per altri 6 minuti, distribuire nei piatti e servire.

Nutrizione: Calorie 233, Grassi 6, Fibre 5, Carboidrati 11,9, Proteine 5,4

Insalata di gamberi e dragoncello

Tempo di preparazione: 4 minuti
Tempo di cottura: 0 minuti
Porzioni: 4

Ingredienti:
- 1 libbra di gamberetti, cotti, sbucciati ed eviscerati
- 1 cucchiaio di dragoncello, tritato
- 1 cucchiaio di capperi, scolati
- 2 cucchiai di olio d'oliva
- pepe nero a piacere
- 2 tazze di spinaci novelli
- 1 cucchiaio di aceto balsamico
- 1 cipolla rossa piccola, tritata
- 2 cucchiai di succo di limone

Istruzioni:
4 In una ciotola, unire i gamberi con il dragoncello e gli altri ingredienti, mescolare e servire.

Nutrizione: Calorie 258, Grassi 12,4, Fibre 6, Carboidrati 6,7, Proteine 13,3

parmigiana di baccalà

Tempo di preparazione: 10 minuti
Tempo di cottura: 20 minuti
Porzioni: 4

Ingredienti:
- 4 filetti di merluzzo disossati
- ½ tazza di parmigiano magro, grattugiato
- 3 spicchi d'aglio, tritati
- 1 cucchiaio di olio d'oliva
- 1 cucchiaio di succo di limone
- ½ tazza di cipolla verde, tritata

Istruzioni:
1. Scaldare una padella con olio d'oliva a fuoco medio, aggiungere l'aglio e l'erba cipollina, mescolare e soffriggere per 5 minuti.
2. Aggiungere il pesce e cuocere 4 minuti per lato.
3. Versare il succo di limone, spolverare con il parmigiano, cuocere per altri 2 minuti, dividere nei piatti e servire.

Nutrizione: Calorie 275, Grassi 22,1, Fibre 5, Carboidrati 18,2, Proteine 12

Tilapia mista e cipolle rosse

Tempo di preparazione: 10 minuti
Tempo di cottura: 15 minuti
Porzioni: 4

Ingredienti:
- 4 filetti di tilapia disossati
- 2 cucchiai di olio d'oliva
- 1 cucchiaio di succo di limone
- 2 cucchiaini di scorza di limone, grattugiata
- 2 cipolle rosse, tritate grossolanamente
- 3 cucchiai di aglio, tritato

Istruzioni:
1. Scaldare una padella con olio d'oliva a fuoco medio, aggiungere la cipolla, la scorza e il succo di limone, mescolare e far rosolare per 5 minuti.
2. Aggiungere il pesce e l'erba cipollina, cuocere per 5 minuti per lato, distribuire nei piatti e servire.

Nutrizione: Calorie 254, Grassi 18,2, Fibre 5,4, Carboidrati 11,7, Proteine 4,5

insalata di trota

Tempo di preparazione: 6 minuti
Tempo di cottura: 0 minuti
Porzioni: 4

Ingredienti:
- 4 once di trota affumicata, senza pelle, disossata e tagliata a cubetti
- 1 cucchiaio di succo di limone
- 1/3 di tazza di yogurt magro
- 2 avocado, sbucciati, snocciolati e tritati
- 3 cucchiai di aglio, tritato
- pepe nero a piacere
- 1 cucchiaio di olio d'oliva

Istruzioni:
1. In una ciotola unire la trota con gli avocado e gli altri ingredienti, mescolare e servire.

Nutrizione: Calorie 244, Grassi 9,45, Fibre 5,6, Carboidrati 8,5, Proteine 15

trota balsamica

Tempo di preparazione: 5 minuti
Tempo di cottura: 15 minuti
Porzioni: 4

Ingredienti:
- 3 cucchiai di aceto balsamico
- 2 cucchiai di olio d'oliva
- 4 filetti di trota disossati
- 3 cucchiai di prezzemolo tritato finemente
- 2 spicchi d'aglio, tritati

Istruzioni:
1. Scaldate una padella con l'olio a fuoco medio, aggiungete le trote e fatele rosolare per 6 minuti per lato.
2. Aggiungere il resto degli ingredienti, cuocere per altri 3 minuti, dividere nei piatti e servire con un'insalata.

Nutrizione: Calorie 314, Grassi 14,3, Fibre 8,2, Carboidrati 14,8, Proteine 11,2

prezzemolo prezzemolo

Tempo di preparazione: 5 minuti
Tempo di cottura: 12 minuti
Porzioni: 4

Ingredienti:
- 2 erba cipollina tritata
- 2 cucchiaini di succo di limone
- 1 cucchiaio di aglio, tritato
- 1 cucchiaio di olio d'oliva
- 4 filetti di salmone disossati
- pepe nero a piacere
- 2 cucchiai di prezzemolo, tritato

Istruzioni:
1. Scaldare una padella con olio d'oliva a fuoco medio, aggiungere la cipolla, mescolare e soffriggere per 2 minuti.
2. Aggiungete il salmone e gli altri ingredienti, fate cuocere 5 minuti per lato, distribuite nei piatti e servite.

Nutrizione: Calorie 290, Grassi 14,4, Fibre 5,6, Carboidrati 15,6, Proteine 9,5

Insalata di trota e verdure

Tempo di preparazione: 5 minuti
Tempo di cottura: 0 minuti
Porzioni: 4

Ingredienti:
- 2 cucchiai di olio d'oliva
- ½ tazza di olive Kalamata, snocciolate e snocciolate
- pepe nero a piacere
- Trota affumicata da 1 libbra, disossata, senza pelle e tagliata a cubetti
- ½ cucchiaino di scorza di limone, grattugiata
- 1 cucchiaio di succo di limone
- 1 tazza di pomodorini, tagliati a metà
- ½ cipolla rossa, affettata
- 2 tazze di rucola baby

Istruzioni:
1. Uniamo in una ciotola la trota affumicata con le olive, il pepe nero e gli altri ingredienti, mescoliamo e serviamo.

Nutrizione: Calorie 282, Grassi 13,4, Fibre 5,3, Carboidrati 11,6, Proteine 5,6

salmone allo zafferano

Tempo di preparazione: 10 minuti
Tempo di cottura: 12 minuti
Porzioni: 4

Ingredienti:
- pepe nero a piacere
- ½ cucchiaino di paprika dolce
- 4 filetti di salmone disossati
- 3 cucchiai di olio d'oliva
- 1 cipolla gialla, tritata
- 2 spicchi d'aglio, tritati
- ¼ cucchiaino di curcuma in polvere

Istruzioni:
1. Scaldare una padella con olio d'oliva a fuoco medio-alto, aggiungere la cipolla e l'aglio, mescolare e far rosolare per 2 minuti.
2. Aggiungete il salmone e gli altri ingredienti, fate cuocere 5 minuti per lato, distribuite nei piatti e servite.

Nutrizione: Calorie 339, Grassi 21,6, Fibre 0,7, Carboidrati 3,2, Proteine 35

Insalata di gamberetti e anguria

Tempo di preparazione: 10 minuti
Tempo di cottura: 0 minuti
Porzioni: 4

Ingredienti:
- ¼ tazza di basilico, tritato
- 2 tazze di anguria, sbucciata e tagliata a cubetti
- 2 cucchiai di aceto balsamico
- 2 cucchiai di olio d'oliva
- 1 libbra di gamberetti, sbucciati, puliti e cotti
- pepe nero a piacere
- 1 cucchiaio di prezzemolo, tritato

Istruzioni:
1. In una ciotola unire i gamberi con l'anguria e gli altri ingredienti, mescolare e servire.

Nutrizione: Calorie 220, Grassi 9, Fibre 0,4, Carboidrati 7,6, Proteine 26,4

Insalata di gamberi origano e quinoa

Tempo di preparazione: 5 minuti
Tempo di cottura: 8 minuti
Porzioni: 4

Ingredienti:
- 1 libbra di gamberetti, sbucciati ed eviscerati
- 1 tazza di quinoa, cotta
- pepe nero a piacere
- 1 cucchiaio di olio d'oliva
- 1 cucchiaio di origano tritato
- 1 cipolla rossa, tritata
- 1 succo di limone

Istruzioni:
1. Scaldare una padella con olio d'oliva a fuoco medio, aggiungere la cipolla, mescolare e soffriggere per 2 minuti.
2. Aggiungere i gamberetti, mescolare e cuocere per 5 minuti.
3. Aggiungete il resto degli ingredienti, mescolate, dividete il tutto nelle ciotole e servite.

Nutrizione: Calorie 336, Grassi 8.2, Fibre 4.1, Carboidrati 32.3, Proteine 32.3

Granchio Insalata

Tempo di preparazione: 10 minuti
Tempo di cottura: 0 minuti
Porzioni: 4

Ingredienti:
- 1 cucchiaio di olio d'oliva
- 2 tazze di polpa di granchio
- pepe nero a piacere
- 1 tazza di pomodorini, tagliati a metà
- 1 scalogno tritato
- 1 cucchiaio di succo di limone
- 1/3 di tazza di coriandolo, tritato

Istruzioni:
1. In una ciotola unire i granchi con i pomodori e gli altri ingredienti, mescolare e servire.

Nutrizione: Calorie 54, Grassi 3,9, Fibre 0,6, Carboidrati 2,6, Proteine 2,3

capesante al balsamico

Tempo di preparazione: 4 minuti
Tempo di cottura: 6 minuti
Porzioni: 4

Ingredienti:
- 12 once di capesante
- 2 cucchiai di olio d'oliva
- 2 spicchi d'aglio, tritati
- 1 cucchiaio di aceto balsamico
- 1 tazza di erba cipollina, tritata
- 2 cucchiai di coriandolo, tritato

Istruzioni:
1. Scaldare una padella con olio d'oliva a fuoco medio, aggiungere la cipolla e l'aglio e soffriggere per 2 minuti.
2. Aggiungete le capesante e gli altri ingredienti, cuocete per 2 minuti per lato, distribuite nei piatti e servite.

Nutrizione: Calorie 146, Grassi 7,7, Fibre 0,7, Carboidrati 4,4, Proteine 14,8

Miscela cremosa di sogliola

Tempo di preparazione: 10 minuti
Tempo di cottura: 20 minuti
Porzioni: 4

Ingredienti:
- 2 cucchiai di olio d'oliva
- 1 cipolla rossa, tritata
- pepe nero a piacere
- ½ tazza di brodo vegetale a basso contenuto di sodio
- 4 filetti di sogliola disossati
- ½ tazza di crema di cocco
- 1 cucchiaio di aneto, tritato

Istruzioni:
1. Scaldare una padella con olio a fuoco medio, aggiungere la cipolla, mescolare e soffriggere per 5 minuti.
2. Aggiungere il pesce e cuocere 4 minuti per lato.
3. Aggiungere il resto degli ingredienti, cuocere per altri 7 minuti, distribuire nei piatti e servire.

Nutrizione: Calorie 232, Grassi 12,3, Fibre 4, Carboidrati 8,7, Proteine 12

Miscela piccante di salmone e mango

Tempo di preparazione: 5 minuti
Tempo di cottura: 0 minuti
Porzioni: 4

Ingredienti:
- 1 libbra di salmone affumicato, disossato, senza pelle e in scaglie
- pepe nero a piacere
- 1 cipolla rossa, tritata
- 1 mango, sbucciato, senza semi e tritato
- 2 peperoni jalapeno, tritati
- ¼ di tazza di prezzemolo, tritato
- 3 cucchiai di succo di lime
- 1 cucchiaio di olio d'oliva

Istruzioni:
2. Unisci il salmone con il pepe nero e gli altri ingredienti in una ciotola, mescola e servi.

Nutrizione: Calorie 323, Grassi 14,2, Fibre 4, Carboidrati 8,5, Proteine 20,4

Mix di gamberetti all'aneto

Tempo di preparazione: 5 minuti
Tempo di cottura: 0 minuti
Porzioni: 4

Ingredienti:
- 2 cucchiaini di succo di limone
- 1 cucchiaio di olio d'oliva
- 1 cucchiaio di aneto, tritato
- 1 libbra di gamberetti, cotti, sbucciati ed eviscerati
- pepe nero a piacere
- 1 tazza di ravanelli tagliati a cubetti

Istruzioni:
1. Unisci i gamberi con il succo di limone e gli altri ingredienti in una ciotola, mescola e servi.

Nutrizione: Calorie 292, Grassi 13, Fibre 4,4, Carboidrati 8, Proteine 16,4

Paté di salmone

Tempo di preparazione: 4 minuti
Tempo di cottura: 0 minuti
Porzioni: 6

Ingredienti:
- 6 once di salmone affumicato, disossato, senza pelle e sminuzzato
- 2 cucchiai di yogurt magro
- 3 cucchiaini di succo di limone
- 2 erba cipollina tritata
- 8 once di crema di formaggio magro
- ¼ tazza di coriandolo, tritato

Istruzioni:
1. Unisci in una ciotola il salmone con lo yogurt e gli altri ingredienti, frulla e servi freddo.

Nutrizione: Calorie 272, Grassi 15,2, Fibre 4,3, Carboidrati 16,8, Proteine 9,9

gamberetti ai carciofi

Tempo di preparazione: 4 minuti
Tempo di cottura: 8 minuti
Porzioni: 4

Ingredienti:
- 2 cipolle verdi, tritate
- 1 tazza di carciofi in scatola non salati, scolati e tagliati in quarti
- 2 cucchiai di coriandolo, tritato
- 1 libbra di gamberetti, sbucciati ed eviscerati
- 1 tazza di pomodorini, tagliati a dadini
- 1 cucchiaio di olio d'oliva
- 1 cucchiaio di aceto balsamico
- Un pizzico di sale e pepe nero

Istruzioni:
1. Scaldare una padella con olio d'oliva a fuoco medio, aggiungere la cipolla e i carciofi, mescolare e far rosolare per 2 minuti.
2. Aggiungere i gamberi, mescolare e cuocere a fuoco medio per 6 minuti.
3. Dividete il tutto nelle ciotole e servite.

Nutrizione: calorie 260, grassi 8,23, fibre 3,8, carboidrati 14,3, proteine 12,4

Gamberetti con salsa al limone

Tempo di preparazione: 5 minuti
Tempo di cottura: 8 minuti
Porzioni: 4

Ingredienti:
- 1 libbra di gamberetti, sbucciati ed eviscerati
- 2 cucchiai di olio d'oliva
- 1 scorza di limone, grattugiata
- Succo di ½ limone
- 1 cucchiaio di aglio, tritato

Istruzioni:
1. Scaldare una padella con olio d'oliva a fuoco medio-alto, aggiungere la scorza di limone, il succo di limone e il coriandolo, mescolare e cuocere per 2 minuti.
2. Aggiungere i gamberi, cuocere per altri 6 minuti, dividere nei piatti e servire.

Nutrizione: Calorie 195, Grassi 8,9, Fibre 0, Carboidrati 1,8, Proteine 25,9

Un misto di tonno e arancia

Tempo di preparazione: 5 minuti
Tempo di cottura: 12 minuti
Porzioni: 4

Ingredienti:
- 4 filetti di tonno disossati
- pepe nero a piacere
- 2 cucchiai di olio d'oliva
- 2 scalogni tritati
- 3 cucchiai di succo d'arancia
- 1 arancia, sbucciata e affettata
- 1 cucchiaio di origano tritato

Istruzioni:
1. Scaldare una padella con olio d'oliva a fuoco medio, aggiungere lo scalogno, mescolare e soffriggere per 2 minuti.
2. Aggiungete il tonno e gli altri ingredienti, fate cuocere per altri 10 minuti, distribuite nei piatti e servite.

Nutrizione: Calorie 457, Grassi 38,2, Fibre 1,6, Carboidrati 8,2, Proteine 21,8

curry di salmone

Tempo di preparazione: 10 minuti
Tempo di cottura: 20 minuti
Porzioni: 4

Ingredienti:
- Filetti di salmone da 1 libbra, disossati e tagliati a cubetti
- 3 cucchiai di pasta di curry rosso
- 1 cipolla rossa, tritata
- 1 cucchiaino di paprika dolce
- 1 tazza di crema al cocco
- 1 cucchiaio di olio d'oliva
- pepe nero a piacere
- ½ tazza di brodo di pollo a basso contenuto di sodio
- 3 cucchiai di basilico, tritato

Istruzioni:
1. Scaldare una padella con olio d'oliva a fuoco medio, aggiungere la cipolla, il pepe e la pasta di curry, mescolare e cuocere per 5 minuti.
2. Aggiungere il salmone e gli altri ingredienti, mescolare delicatamente, cuocere a fuoco medio per 15 minuti, dividere nelle ciotole e servire.

Nutrizione: Calorie 377, Grassi 28,3, Fibre 2,1, Carboidrati 8,5, Proteine 23,9

Miscela di salmone e carote

Tempo di preparazione: 10 minuti
Tempo di cottura: 15 minuti
Porzioni: 4

Ingredienti:
- 4 filetti di salmone disossati
- 1 cipolla rossa, tritata
- 2 carote, affettate
- 2 cucchiai di olio d'oliva
- 2 cucchiai di aceto balsamico
- pepe nero a piacere
- 2 cucchiai di aglio, tritato
- ¼ di tazza di brodo vegetale a basso contenuto di sodio

Istruzioni:
1. Scaldare una padella con olio d'oliva a fuoco medio, aggiungere la cipolla e la carota, mescolare e soffriggere per 5 minuti.
2. Aggiungiamo il salmone e gli altri ingredienti, friggiamo il tutto per altri 10 minuti, distribuiamolo sui piatti e serviamo.

Nutrizione: Calorie 322, Grassi 18, Fibre 1,4, Carboidrati 6, Proteine 35,2

Misto Gamberi e Pinoli

Tempo di preparazione: 10 minuti
Tempo di cottura: 10 minuti
Porzioni: 4

Ingredienti:
- 1 libbra di gamberetti, sbucciati ed eviscerati
- 2 cucchiai di pinoli
- 1 cucchiaio di succo di limone
- 2 cucchiai di olio d'oliva
- 3 spicchi d'aglio, tritati
- pepe nero a piacere
- 1 cucchiaio di timo, tritato
- 2 cucchiai di erba cipollina, tritata finemente

Istruzioni:
1. Scaldare una padella con olio d'oliva a fuoco medio-alto, aggiungere l'aglio, il timo, i pinoli e il succo di lime, mescolare e cuocere per 3 minuti.
2. Aggiungere i gamberetti, il pepe nero e l'erba cipollina, mescolare, cuocere per altri 7 minuti, distribuire nei piatti e servire.

Nutrizione: Calorie 290, Grassi 13, Fibre 4,5, Carboidrati 13,9, Proteine 10

Merluzzo con Peperoni e Fagiolini

Tempo di preparazione: 10 minuti
Tempo di cottura: 14 minuti
Porzioni: 4

Ingredienti:
- 4 filetti di merluzzo disossati
- Mezzo chilo di fagiolini, mondati e tagliati a metà
- 1 cucchiaio di succo di limone
- 1 cucchiaio di scorza di limone, grattugiata
- 1 cipolla gialla, tritata
- 2 cucchiai di olio d'oliva
- 1 cucchiaino di cumino, macinato
- 1 cucchiaino di peperoncino in polvere
- ½ tazza di brodo vegetale a basso contenuto di sodio
- Un pizzico di sale e pepe nero

Istruzioni:
1. Scaldare una padella con olio a fuoco medio-alto, aggiungere la cipolla, mescolare e cuocere per 2 minuti.
2. Aggiungere il pesce e cuocere 3 minuti per lato.
3. Aggiungete i fagiolini e gli altri ingredienti, mescolate delicatamente, fate cuocere per altri 7 minuti, distribuite nei piatti e servite.

Nutrizione: Calorie 220, Grassi 13, Carboidrati 14,3, Fibre 2,3, Proteine 12

capesante all'aglio

Tempo di preparazione: 5 minuti
Tempo di cottura: 8 minuti
Porzioni: 4

Ingredienti:
- 12 capesante
- 1 cipolla rossa, affettata
- 2 cucchiai di olio d'oliva
- ½ cucchiaino di aglio, tritato
- 2 cucchiai di succo di limone
- pepe nero a piacere
- 1 cucchiaino di aceto balsamico

Istruzioni:
1. Scaldare una padella con olio d'oliva a fuoco medio, aggiungere la cipolla e l'aglio e far rosolare per 2 minuti.
2. Aggiungete le capesante e gli altri ingredienti, fate cuocere a fuoco medio per altri 6 minuti, distribuite nei piatti e servite caldo.

Nutrizione: Calorie 259, Grassi 8, Fibre 3, Carboidrati 5.7, Proteine 7

Miscela cremosa di branzino

Tempo di preparazione: 10 minuti
Tempo di cottura: 14 minuti
Porzioni: 4

Ingredienti:
- 4 filetti di branzino disossati
- 1 tazza di crema al cocco
- 1 cipolla gialla, tritata
- 1 cucchiaio di succo di limone
- 2 cucchiai di olio di avocado
- 1 cucchiaio di prezzemolo, tritato
- Un pizzico di pepe nero

Istruzioni:
1. Scaldare una padella con olio d'oliva a fuoco medio, aggiungere la cipolla, mescolare e soffriggere per 2 minuti.
2. Aggiungere il pesce e cuocere 4 minuti per lato.
3. Aggiungete il resto degli ingredienti, fate cuocere per altri 4 minuti, distribuite nei piatti e servite.

Nutrizione: Calorie 283, Grassi 12,3, Fibre 5, Carboidrati 12,5, Proteine 8

Un misto di spigola e funghi

Tempo di preparazione: 10 minuti
Tempo di cottura: 13 minuti
Porzioni: 4

Ingredienti:
- 4 filetti di branzino disossati
- 2 cucchiai di olio d'oliva
- pepe nero a piacere
- ½ tazza di funghi bianchi a fette
- 1 cipolla rossa, tritata
- 2 cucchiai di aceto balsamico
- 3 cucchiai di coriandolo, tritato

Istruzioni:
1. Scaldare una padella con olio d'oliva a fuoco medio, aggiungere la cipolla e i funghi, mescolare e cuocere per 5 minuti.
2. Aggiungere il pesce e gli altri ingredienti, cuocere per 4 minuti per lato, distribuire nei piatti e servire.

Nutrizione: calorie 280, grassi 12,3, fibre 8, carboidrati 13,6, proteine 14,3

zuppa di salmone

Tempo di preparazione: 5 minuti
Tempo di cottura: 20 minuti
Porzioni: 4

Ingredienti:
- Filetti di salmone da 1 libbra, disossati, senza pelle e tagliati a dadini
- 1 tazza di cipolla gialla, tritata
- 2 cucchiai di olio d'oliva
- pepe nero a piacere
- 2 tazze di brodo vegetale a basso contenuto di sodio
- 1 tazza e ½ di pomodori a pezzetti
- 1 cucchiaio di basilico, tritato

Istruzioni:
1. Scaldare una padella con olio d'oliva a fuoco medio, aggiungere la cipolla, mescolare e soffriggere per 5 minuti.
2. Aggiungere il salmone e gli altri ingredienti, portare ad ebollizione e cuocere a fuoco medio per 15 minuti.
3. Dividete la zuppa nelle ciotole e servite.

Nutrizione: Calorie 250, Grassi 12,2, Fibre 5, Carboidrati 8,5, Proteine 7

Noce moscata con gamberi

Tempo di preparazione: 3 minuti
Tempo di cottura: 6 minuti
Porzioni: 4

Ingredienti:
- 1 libbra di gamberetti, sbucciati ed eviscerati
- 2 cucchiai di olio d'oliva
- 1 cucchiaio di succo di limone
- 1 cucchiaio di noce moscata, macinata
- pepe nero a piacere
- 1 cucchiaio di coriandolo, tritato

Istruzioni:
1. Scaldare una padella con l'olio a fuoco medio, aggiungere i gamberi, il succo di limone e gli altri ingredienti, mescolare, cuocere per 6 minuti, dividere nelle ciotole e servire.

Nutrizione: Calorie 205, Grassi 9,6, Fibre 0,4, Carboidrati 2,7, Proteine 26

Misto Gamberi e Frutti Rossi

Tempo di preparazione: 4 minuti
Tempo di cottura: 6 minuti
Porzioni: 4

Ingredienti:
- 1 libbra di gamberetti, sbucciati ed eviscerati
- ½ tazza di pomodoro, tagliato a dadini
- 2 cucchiai di olio d'oliva
- 1 cucchiaio di aceto balsamico
- ½ tazza di fragole a fette
- pepe nero a piacere

Istruzioni:
1. Scaldare una padella con olio a fuoco medio, aggiungere i gamberetti, mescolare e cuocere per 3 minuti.
2. Aggiungete il resto degli ingredienti, mescolate, fate cuocere per altri 3-4 minuti, dividete nelle ciotole e servite.

Nutrizione: Calorie 205, Grassi 9, Fibre 0,6, Carboidrati 4, Proteine 26,2

trota al limone al forno

Tempo di preparazione: 10 minuti
Tempo di cottura: 30 minuti
Porzioni: 4

Ingredienti:
- 4 trote
- 1 cucchiaio di scorza di limone, grattugiata
- 2 cucchiai di olio d'oliva
- 2 cucchiai di succo di limone
- Un pizzico di pepe nero
- 2 cucchiai di coriandolo, tritato

Istruzioni:
1. In una pirofila, mescolare il pesce con la scorza di limone e gli altri ingredienti e strofinare.
2. Cuocere in forno a 370 gradi F per 30 minuti, dividere nei piatti e servire.

Nutrizione: Calorie 264, Grassi 12,3, Fibre 5, Carboidrati 7, Proteine 11

Capesante all'erba cipollina

Tempo di preparazione: 3 minuti
Tempo di cottura: 4 minuti
Porzioni: 4

Ingredienti:
- 12 capesante
- 2 cucchiai di olio d'oliva
- pepe nero a piacere
- 2 cucchiai di aglio, tritato
- 1 cucchiaio di paprika dolce

Istruzioni:
1. Scaldare una padella con olio d'oliva a fuoco medio, aggiungere le capesante, la paprika e il resto degli ingredienti e cuocere per 2 minuti per lato.
2. Dividere nei piatti e servire con un'insalata.

Nutrizione: Calorie 215, Grassi 6, Fibre 5, Carboidrati 4.5, Proteine 11

braciole di tonno

Tempo di preparazione: 10 minuti
Tempo di cottura: 30 minuti
Porzioni: 4

Ingredienti:
- 2 cucchiai di olio d'oliva
- 1 libbra di tonno, senza pelle, disossato e tritato
- 1 cipolla gialla, tritata
- ¼ di tazza di aglio, tritato
- 1 uovo sbattuto
- 1 cucchiaio di farina di cocco
- Un pizzico di sale e pepe nero

Istruzioni:
1. In una ciotola unire il tonno con la cipolla e gli altri ingredienti, escluso l'olio, mescolare bene e formare con questo composto delle palline di media grandezza.
2. Disporre le polpette su una teglia, spennellare con olio, infornare a 180 gradi, cuocere per 30 minuti, distribuire nei piatti e servire.

Nutrizione: calorie 291, grassi 14,3, fibre 5, carboidrati 12,4, proteine 11

padella di salmone

Tempo di preparazione: 10 minuti
Tempo di cottura: 12 minuti
Porzioni: 4

Ingredienti:
- 4 filetti di salmone, disossati e tagliati grossolanamente
- 2 cucchiai di olio d'oliva
- 1 peperone rosso, tagliato a strisce
- 1 zucchina, tagliata grossolanamente
- 1 melanzana, tagliata grossolanamente
- 1 cucchiaio di succo di limone
- 1 cucchiaio di aneto, tritato
- ¼ di tazza di brodo vegetale a basso contenuto di sodio
- 1 cucchiaino di aglio in polvere
- Un pizzico di pepe nero

Istruzioni:
1. Scaldare una padella con l'olio a fuoco medio-alto, aggiungere il peperone, le zucchine e le melanzane, mescolare e far rosolare per 3 minuti.
2. Aggiungete il salmone e gli altri ingredienti, mescolate delicatamente, fate cuocere per altri 9 minuti, distribuite nei piatti e servite.

Nutrizione: Calorie 348, Grassi 18,4, Fibre 5,3, Carboidrati 11,9, Proteine 36,9

miscela di merluzzo alla senape

Tempo di preparazione: 10 minuti
Tempo di cottura: 25 minuti
Porzioni: 4

Ingredienti:
- 4 filetti di merluzzo senza pelle e disossati
- Un pizzico di pepe nero
- 1 cucchiaino di zenzero, grattugiato
- 1 cucchiaio di senape
- 2 cucchiai di olio d'oliva
- 1 cucchiaino di timo essiccato
- ¼ di cucchiaino di cumino, macinato
- 1 cucchiaino di curcuma in polvere
- ¼ tazza di coriandolo, tritato
- 1 tazza di brodo vegetale a basso contenuto di sodio
- 3 spicchi d'aglio, tritati

Istruzioni:
1. Unisci il merluzzo con il pepe nero, lo zenzero e gli altri ingredienti in una casseruola, mescola delicatamente e cuoci a 180° per 25 minuti.
2. Dividere il composto nei piatti e servire.

Nutrizione: Calorie 176, Grassi 9, Fibre 1, Carboidrati 3.7, Proteine 21.2

Misto gamberi e asparagi

Tempo di preparazione: 10 minuti
Tempo di cottura: 14 minuti
Porzioni: 4

Ingredienti:
- 1 mazzetto di asparagi tagliati a metà
- 1 libbra di gamberetti, sbucciati ed eviscerati
- pepe nero a piacere
- 2 cucchiai di olio d'oliva
- 1 cipolla rossa, tritata
- 2 spicchi d'aglio, tritati
- 1 tazza di crema al cocco

Istruzioni:
1. Scaldare una padella con olio d'oliva a fuoco medio, aggiungere la cipolla, l'aglio e gli asparagi, mescolare e far rosolare per 4 minuti.
2. Aggiungete i gamberi e gli altri ingredienti, mescolate, fate cuocere a fuoco medio per 10 minuti, dividete il tutto nelle ciotole e servite.

Nutrizione: Calorie 225, Grassi 6, Fibre 3,4, Carboidrati 8,6, Proteine 8

merluzzo e piselli

Tempo di preparazione: 10 minuti
Tempo di cottura: 20 minuti
Porzioni: 4

Ingredienti:
- 1 cipolla gialla, tritata
- 2 cucchiai di olio d'oliva
- ½ tazza di brodo di pollo a basso contenuto di sodio
- 4 filetti di merluzzo, disossati, senza pelle
- pepe nero a piacere
- 1 tazza di piselli

Istruzioni:
1. Scaldare una padella con olio d'oliva a fuoco medio, aggiungere la cipolla, mescolare e soffriggere per 4 minuti.
2. Aggiungere il pesce e cuocere 3 minuti per lato.
3. Aggiungete i piselli e gli altri ingredienti, fate cuocere per altri 10 minuti, dividete nei piatti e servite.

Nutrizione: Calorie 240, Grassi 8,4, Fibre 2,7, Carboidrati 7,6, Proteine 14

Ciotole di gamberetti e cozze

Tempo di preparazione: 5 minuti
Tempo di cottura: 12 minuti
Porzioni: 4

Ingredienti:
- 1 libbra di cozze, sbucciate
- ½ tazza di brodo di pollo a basso contenuto di sodio
- 1 libbra di gamberetti, sbucciati ed eviscerati
- 2 scalogni tritati
- 1 tazza di pomodorini, tagliati a dadini
- 2 spicchi d'aglio, tritati
- 1 cucchiaio di olio d'oliva
- 1 succo di limone

Istruzioni:
1. Scaldare l'olio in una padella a fuoco medio, aggiungere la cipolla e l'aglio e far rosolare per 2 minuti.
2. Aggiungete i gamberi, le cozze e gli altri ingredienti, fate cuocere a fuoco medio per 10 minuti, dividete nelle ciotole e servite.

Nutrizione: Calorie 240, Grassi 4.9, Fibre 2.4, Carboidrati 11.6, Proteine 8

Crema alla menta

Tempo di installazione: 2 ore e 4 minuti

Tempo di cottura: 0 minuti
Porzioni: 4

Ingredienti:
- 4 tazze di yogurt magro
- 1 tazza di crema al cocco
- 3 cucchiai di stevia
- 2 cucchiaini di scorza di limone, grattugiata
- 1 cucchiaio di menta, tritata

Istruzioni:
1. Mescolare la panna con lo yogurt e gli altri ingredienti in un frullatore, sbattere bene, dividere in coppette e riporre in frigorifero per 2 ore prima di servire.

Nutrizione: Calorie 512, Grassi 14,3, Fibre 1,5, Carboidrati 83,6, Proteine 12,1

budino di lamponi

Tempo di preparazione: 10 minuti
Tempo di cottura: 24 minuti
Porzioni: 4

Ingredienti:
- 1 tazza di lamponi
- 2 cucchiaini di zucchero di cocco
- 3 uova sbattute
- 1 cucchiaio di olio di avocado
- ½ tazza di latte di mandorle
- ½ tazza di farina di cocco
- ¼ di tazza di yogurt magro

Istruzioni:
1. In una ciotola unire i lamponi con lo zucchero e gli altri ingredienti, tranne lo spray da cucina, e sbattere bene.
2. Rivestire una pirofila da budino con spray da cucina, versare il composto di lamponi, spalmare, infornare a 400 gradi F per 24 minuti, dividere nei piatti da dessert e servire.

Nutrizione: Calorie 215, Grassi 11,3, Fibre 3,4, Carboidrati 21,3, Proteine 6,7

barrette di mandorle

Tempo di preparazione: 10 minuti
Tempo di cottura: 30 minuti
Porzioni: 4

Ingredienti:
- 1 tazza di mandorle, tritate
- 2 uova, sbattute
- ½ tazza di latte di mandorle
- 1 cucchiaino di estratto di vaniglia
- 2/3 tazza di zucchero di cocco
- 2 tazze di farina integrale
- 1 cucchiaino di lievito in polvere
- Spray da cucina

Istruzioni:
1. In una ciotola unire le mandorle con le uova e gli altri ingredienti tranne lo spray da cucina e mescolare bene.
2. Versare in una teglia quadrata unta con spray da cucina, stendere bene, cuocere per 30 minuti, lasciare raffreddare, tagliare a barrette e servire.

Nutrizione: calorie 463, grassi 22,5, fibre 11, carboidrati 54,4, proteine 16,9

miscela di pesche tostate

Tempo di preparazione: 10 minuti
Tempo di cottura: 30 minuti
Porzioni: 4

Ingredienti:
- 4 pesche snocciolate e tagliate a metà
- 1 cucchiaio di zucchero di cocco
- 1 cucchiaino di estratto di vaniglia
- ¼ cucchiaino di cannella in polvere
- 1 cucchiaio di olio di avocado

Istruzioni:
1. In una pirofila unire le pesche con lo zucchero e gli altri ingredienti, infornare a 180° per 30 minuti, lasciare raffreddare e servire.

Nutrizione: calorie 91, grassi 0,8, fibre 2,5, carboidrati 19,2, proteine 1,7

Torta di noci

Tempo di preparazione: 10 minuti
Tempo di cottura: 25 minuti
Porzioni: 8

Ingredienti:
- 3 tazze di farina di mandorle
- 1 tazza di zucchero di cocco
- 1 cucchiaio di estratto di vaniglia
- ½ tazza di noci, tritate
- 2 cucchiaini di bicarbonato di sodio
- 2 tazze di latte di cocco
- ½ tazza di olio di cocco, sciolto

Istruzioni:
1. Mescolare in una ciotola la farina di mandorle con lo zucchero e gli altri ingredienti, sbattere bene, versare nello stampo, stendere, infornare a 180°C, cuocere per 25 minuti.
2. Lasciate raffreddare la torta, tagliate e servite.

Nutrizione: Calorie 445, Grassi 10, Fibre 6,5, Carboidrati 31,4, Proteine 23,5

torta di mele

Tempo di preparazione: 10 minuti
Tempo di cottura: 30 minuti
Porzioni: 4

Ingredienti:
- 2 tazze di farina di mandorle
- 1 cucchiaino di bicarbonato di sodio
- 1 cucchiaino di lievito in polvere
- ½ cucchiaino di cannella in polvere
- 2 cucchiai di zucchero di cocco
- 1 tazza di latte di mandorle
- 2 mele verdi, sbucciate, senza torsolo e affettate
- Spray da cucina

Istruzioni:
1. In una ciotola, unire la farina con il bicarbonato, le mele e gli altri ingredienti tranne lo spray da cucina e sbattere bene.
2. Versare su una teglia unta con spray da cucina, distribuire uniformemente, infornare e cuocere a 180°C per 30 minuti.
3. Raffreddare la torta, tagliare e servire.

Nutrizione: calorie 332, grassi 22,4, fibre 9 1,6, carboidrati 22,2, proteine 12,3

crema alla cannella

Tempo di preparazione: 2 ore
Tempo di cottura: 10 minuti
Porzioni: 4

Ingredienti:
- 1 tazza di latte di mandorle magro
- 1 tazza di crema al cocco
- 2 tazze di zucchero di cocco
- 2 cucchiai di cannella in polvere
- 1 cucchiaino di estratto di vaniglia

Istruzioni:
1. Scaldare la padella con il latte di mandorle a fuoco medio, aggiungere il resto degli ingredienti, sbattere e cuocere per altri 10 minuti.
2. Dividete il composto nelle ciotole, lasciate raffreddare e mettete in frigorifero per 2 ore prima di servire.

Nutrizione: Calorie 254, Grassi 7,5, Fibre 5, Carboidrati 16,4, Proteine 9,5

Miscela cremosa di fragole

Tempo di preparazione: 10 minuti
Tempo di cottura: 0 minuti
Porzioni: 4

Ingredienti:
- 1 cucchiaino di estratto di vaniglia
- 2 tazze di fragole tritate
- 1 cucchiaino di zucchero di cocco
- 8 once di yogurt magro

Istruzioni:
1. Uniamo le fragole con la vaniglia e gli altri ingredienti in una ciotola, mescoliamo e serviamo freddo.

Nutrizione: Calorie 343, Grassi 13,4, Fibre 6, Carboidrati 15,43, Proteine 5,5

Brownies alla vaniglia e noci pecan

Tempo di preparazione: 10 minuti
Tempo di cottura: 25 minuti
Porzioni: 8

Ingredienti:
- 1 tazza di noci, tritate
- 3 cucchiai di zucchero di cocco
- 2 cucchiai di cacao in polvere
- 3 uova sbattute
- ¼ di tazza di olio di cocco, sciolto
- ½ cucchiaino di lievito in polvere
- 2 cucchiaini di estratto di vaniglia
- Spray da cucina

Istruzioni:
1. In un robot da cucina, unisci le noci con lo zucchero di cocco e gli altri ingredienti tranne lo spray da cucina e mescola bene.
2. Spruzzare una teglia quadrata con spray da cucina, versare il composto per torta, stendere, infornare, cuocere a 180 gradi per 25 minuti, lasciare raffreddare, affettare e servire.

Nutrizione: Calorie 370, Grassi 14,3, Fibre 3, Carboidrati 14,4, Proteine 5,6

torta di fragole

Tempo di preparazione: 10 minuti
Tempo di cottura: 25 minuti
Porzioni: 6

Ingredienti:
- 2 tazze di farina integrale
- 1 tazza di fragole tritate
- ½ cucchiaino di bicarbonato di sodio
- ½ tazza di zucchero di cocco
- ¾ tazza di latte di cocco
- ¼ di tazza di olio di cocco, sciolto
- 2 uova, sbattute
- 1 cucchiaino di estratto di vaniglia
- Spray da cucina

Istruzioni:
1. In una ciotola mescolate la farina con le fragole e gli altri ingredienti, tranne la Coca Cola spray, e sbattete bene.
2. Rivestire una tortiera con spray da cucina, versare il composto per torta, spalmare, infornare a 180 gradi F per 25 minuti, lasciare raffreddare, tagliare e servire.

Nutrizione: Calorie 465, Grassi 22,1, Fibre 4, Carboidrati 18,3, Proteine 13,4

budino al cacao

Tempo di preparazione: 10 minuti
Tempo di cottura: 10 minuti
Porzioni: 4

Ingredienti:
- 2 cucchiai di zucchero di cocco
- 3 cucchiai di farina di cocco
- 2 cucchiai di cacao in polvere
- 2 tazze di latte di mandorle
- 2 uova, sbattute
- ½ cucchiaino di estratto di vaniglia

Istruzioni:
1. Versare il latte in un pentolino, aggiungere il cacao e gli altri ingredienti, frullare, cuocere a fuoco medio per 10 minuti, versare in coppette e servire freddo.

Nutrizione: Calorie 385, Grassi 31,7, Fibre 5,7, Carboidrati 21,6, Proteine 7,3

Crema di noce moscata alla vaniglia

Tempo di preparazione: 10 minuti
Tempo di cottura: 0 minuti
Porzioni: 6

Ingredienti:
- 3 tazze di latte scremato
- 1 cucchiaino di noce moscata, macinata
- 2 cucchiaini di estratto di vaniglia
- 4 cucchiaini di zucchero di cocco
- 1 tazza di noci, tritate

Istruzioni:
1. In una ciotola mescolare il latte con la noce moscata e gli altri ingredienti, sbattere bene, dividere in bicchieri e servire freddo.

Nutrizione: calorie 243, grassi 12,4, fibre 1,5, carboidrati 21,1, proteine 9,7

crema di avocado

Tempo di installazione: 1 ora e 10 minuti

Tempo di cottura: 0 minuti
Porzioni: 4

Ingredienti:
- 2 tazze di crema di cocco
- 2 avocado, sbucciati, snocciolati e schiacciati
- 2 cucchiai di zucchero di cocco
- 1 cucchiaino di estratto di vaniglia

Istruzioni:
1. Mescolare la panna con gli avocado e gli altri ingredienti in un frullatore, sbattere bene, dividere in coppette e riporre in frigorifero per 1 ora prima di servire.

Nutrizione: Calorie 532, Grassi 48,2, Fibre 9,4, Carboidrati 24,9, Proteine 5,2

crema di lamponi

Tempo di preparazione: 10 minuti
Tempo di cottura: 25 minuti
Porzioni: 4

Ingredienti:
- 2 cucchiai di farina di mandorle
- 1 tazza di crema al cocco
- 3 tazze di lamponi
- 1 tazza di zucchero di cocco
- 8 once di crema di formaggio magro

Istruzioni:
1. Mettete la farina in una ciotola con la panna e gli altri ingredienti, frullate, trasferite in una teglia rotonda, infornate a 180° per 25 minuti, dividete nelle ciotole e servite.

Nutrizione: Calorie 429, Grassi 36,3, Fibre 7,7, Carboidrati 21,3, Proteine 7,8

insalata di anguria

Tempo di preparazione: 4 minuti
Tempo di cottura: 0 minuti
Porzioni: 4

Ingredienti:
- 1 tazza di anguria, sbucciata e tagliata a cubetti
- 2 mele, snocciolate e tritate
- 1 cucchiaio di crema di cocco
- 2 banane, tagliate a pezzi

Istruzioni:
1. In una ciotola unire l'anguria con le mele e gli altri ingredienti, mescolare e servire.

Nutrizione: Calorie 131, Grassi 1.3, Fibre 4.5, Carboidrati 31.9, Proteine 1.3

Miscela di pere e cocco

Tempo di preparazione: 10 minuti
Tempo di cottura: 10 minuti
Porzioni: 4

Ingredienti:
- 2 cucchiaini di succo di limone
- ½ tazza di crema di cocco
- ½ tazza di cocco grattugiato
- 4 pere, snocciolate e tagliate a cubetti
- 4 cucchiai di zucchero di cocco

Istruzioni:
1. Unire le pere con il succo di limone e gli altri ingredienti in una casseruola, mescolare, porre a fuoco medio e cuocere per 10 minuti.
2. Dividere in ciotole e servire freddo.

Nutrizione: Calorie 320, Grassi 7,8, Fibre 3, Carboidrati 6,4, Proteine 4,7

marmellata di mele

Tempo di preparazione: 10 minuti
Tempo di cottura: 15 minuti
Porzioni: 4

Ingredienti:
- 5 cucchiai di zucchero di cocco
- 2 tazze di succo d'arancia
- 4 mele, snocciolate e tagliate a cubetti

Istruzioni:
1. Unire in un pentolino le mele con lo zucchero e il succo d'arancia, mescolare, porre sul fuoco medio, cuocere per 15 minuti, dividere nelle ciotole e servire freddo.

Nutrizione: Calorie 220, Grassi 5,2, Fibre 3, Carboidrati 5,6, Proteine 5,6

stufato di albicocche

Tempo di preparazione: 10 minuti
Tempo di cottura: 15 minuti
Porzioni: 4

Ingredienti:
- 2 tazze di albicocche tagliate a metà
- 2 tazze d'acqua
- 2 cucchiai di zucchero di cocco
- 2 cucchiai di succo di limone

Istruzioni:
1. Unire in un pentolino le albicocche con l'acqua e gli altri ingredienti, scartare, cuocere a fuoco medio per 15 minuti, dividere nelle ciotole e servire.

Nutrizione: Calorie 260, Grassi 6.2, Fibre 4.2, Carboidrati 5.6, Proteine 6

Mix di melone al limone

Tempo di preparazione: 10 minuti
Tempo di cottura: 10 minuti
Porzioni: 4

Ingredienti:
- 2 tazze di melone, sbucciato e tagliato grossolanamente
- 4 cucchiai di zucchero di cocco
- 2 cucchiaini di estratto di vaniglia
- 2 cucchiaini di succo di limone

Istruzioni:
1. Unire il melone con lo zucchero e gli altri ingredienti in un pentolino, mescolare, scaldare a fuoco medio, cuocere per circa 10 minuti, dividere in ciotole e servire freddo.

Nutrizione: Calorie 140, Grassi 4, Fibre 3,4, Carboidrati 6,7, Proteine 5

crema cremosa al rabarbaro

Tempo di preparazione: 10 minuti
Tempo di cottura: 14 minuti
Porzioni: 4

Ingredienti:
- 1/3 tazza di formaggio cremoso a basso contenuto di grassi
- ½ tazza di crema di cocco
- 2 libbre di rabarbaro, tritato grossolanamente
- 3 cucchiai di zucchero di cocco

Istruzioni:
1. Sbattere il formaggio cremoso con la crema di latte e gli altri ingredienti nel frullatore e sbattere bene.
2. Dividere in coppette, infornare e cuocere a 180°C per 14 minuti.
3. Servire freddo.

Nutrizione: Calorie 360, Grassi 14,3, Fibre 4,4, Carboidrati 5,8, Proteine 5,2

ciotole di ananas

Tempo di preparazione: 10 minuti
Tempo di cottura: 0 minuti
Porzioni: 4

Ingredienti:
- 3 tazze di ananas sbucciato e tritato
- 1 cucchiaino di semi di chia
- 1 tazza di crema al cocco
- 1 cucchiaino di estratto di vaniglia
- 1 cucchiaio di menta, tritata

Istruzioni:
1. Mescolare l'ananas con la panna e gli altri ingredienti in una ciotola, scartare, dividere in ciotole più piccole e riporre in frigorifero 10 minuti prima di servire.

Nutrizione: Calorie 238, Grassi 16,6, Fibre 5,6, Carboidrati 22,8, Proteine 3,3

spezzatino di mirtilli

Tempo di preparazione: 10 minuti
Tempo di cottura: 10 minuti
Porzioni: 4

Ingredienti:
- 2 cucchiai di succo di limone
- 1 tazza d'acqua
- 3 cucchiai di zucchero di cocco
- 12 once di mirtilli

Istruzioni:
1. In un pentolino unire i mirtilli con lo zucchero e gli altri ingredienti, portare ad ebollizione e cuocere a fuoco medio per 10 minuti.
2. Dividere nelle ciotole e servire.

Nutrizione: Calorie 122, Grassi 0,4, Fibre 2,1, Carboidrati 26,7, Proteine 1,5

Budino al limone

Tempo di preparazione: 10 minuti
Tempo di cottura: 15 minuti
Porzioni: 4

Ingredienti:
- 2 tazze di crema di cocco
- Succo di 1 lime
- Scorza di 1 lime, grattugiata
- 3 cucchiai di olio di cocco, sciolto
- 1 uovo sbattuto
- 1 cucchiaino di lievito in polvere

Istruzioni:
1. In una ciotola unire la panna con il succo di lime e il resto degli ingredienti e sbattere bene.
2. Dividere in piccoli stampini, infornare e cuocere a 180°C per 15 minuti.
3. Servire il budino freddo.

Nutrizione: Calorie 385, Grassi 39,9, Fibre 2,7, Carboidrati 8,2, Proteine 4,2

crema alla pesca

Tempo di preparazione: 10 minuti
Tempo di cottura: 0 minuti
Porzioni: 4

Ingredienti:
- 3 tazze di crema di cocco
- 2 pesche snocciolate e tritate
- 1 cucchiaino di estratto di vaniglia
- ½ tazza di mandorle, tritate

Istruzioni:
1. Sbattere la panna e gli altri ingredienti nel mixer, sbattere bene, dividere in piccole ciotoline e servire freddo.

Nutrizione: calorie 261, grassi 13, fibre 5,6, carboidrati 7, proteine 5,4

Miscela di cannella e prugne

Tempo di preparazione: 10 minuti
Tempo di cottura: 15 minuti
Porzioni: 4

Ingredienti:
- 1 libbra di prugne, snocciolate e tagliate a metà
- 2 cucchiai di zucchero di cocco
- ½ cucchiaino di cannella in polvere
- 1 tazza d'acqua

Istruzioni:
1. In un pentolino unire le prugne con lo zucchero e gli altri ingredienti, portare ad ebollizione e cuocere a fuoco medio per 15 minuti.
2. Dividere in ciotole e servire freddo.

Nutrizione: Calorie 142, Grassi 4, Fibre 2.4, Carboidrati 14, Proteine 7

Mele Chia e Vaniglia

Tempo di preparazione: 10 minuti
Tempo di cottura: 10 minuti
Porzioni: 4

Ingredienti:
- 2 tazze di mele, snocciolate e affettate
- 2 cucchiai di semi di chia
- 1 cucchiaino di estratto di vaniglia
- 2 tazze di succo di mela naturalmente non zuccherato

Istruzioni:
1. Unire le mele con i semi di chia e gli altri ingredienti in un pentolino, scartare, cuocere a fuoco medio per 10 minuti, distribuire nelle ciotole e servire freddo.

Nutrizione: Calorie 172, Grassi 5,6, Fibre 3,5, Carboidrati 10, Proteine 4,4

Budino di riso e pere

Tempo di preparazione: 10 minuti
Tempo di cottura: 25 minuti
Porzioni: 4

Ingredienti:
- 6 tazze d'acqua
- 1 tazza di zucchero di cocco
- 2 tazze di riso nero
- 2 pere, snocciolate e tagliate a cubetti
- 2 cucchiaini di cannella in polvere

Istruzioni:
1. Versare l'acqua in una pentola, scaldare a fuoco medio-alto, aggiungere il riso, lo zucchero e gli altri ingredienti, mescolare, portare a ebollizione, abbassare la fiamma a media e cuocere per 25 minuti.
2. Dividere in ciotole e servire freddo.

Nutrizione: Calorie 290, Grassi 13,4, Fibre 4, Carboidrati 13,20, Proteine 6,7

stufato di rabarbaro

Tempo di preparazione: 10 minuti
Tempo di cottura: 15 minuti
Porzioni: 4

Ingredienti:

- 2 tazze di rabarbaro, tritato grossolanamente
- 3 cucchiai di zucchero di cocco
- 1 cucchiaino di estratto di mandorla
- 2 tazze d'acqua

Istruzioni:

1. Mescolare il rabarbaro con gli altri ingredienti in un pentolino, scartare, porre a fuoco medio, cuocere per 15 minuti, dividere in ciotole e servire freddo.

Nutrizione: Calorie 142, Grassi 4.1, Fibre 4.2, Carboidrati 7, Proteine 4

crema al rabarbaro

Tempo di preparazione: 1 ora
Tempo di cottura: 10 minuti
Porzioni: 4

Ingredienti:
- 2 tazze di crema di cocco
- 1 tazza di rabarbaro tritato
- 3 uova sbattute
- 3 cucchiai di zucchero di cocco
- 1 cucchiaio di succo di limone

Istruzioni:
1. In un pentolino unire la panna con il rabarbaro e gli altri ingredienti, sbattere bene, cuocere a fuoco medio per 10 minuti, schiacciare con un frullatore, dividere in ciotole e riporre in frigorifero per 1 ora prima di servire.

Nutrizione: Calorie 230, Grassi 8,4, Fibre 2,4, Carboidrati 7,8, Proteine 6

insalata di mirtilli

Tempo di preparazione: 5 minuti
Tempo di cottura: 0 minuti
Porzioni: 4

Ingredienti:
- 2 tazze di mirtilli
- 3 cucchiai di menta, tritata
- 1 pera, snocciolata e tagliata a cubetti
- 1 mela, snocciolata e tritata
- 1 cucchiaio di zucchero di cocco

Istruzioni:
1. In una ciotola unire i mirtilli con la menta e gli altri ingredienti, mescolare e servire freddo.

Nutrizione: Calorie 150, Grassi 2,4, Fibre 4, Carboidrati 6,8, Proteine 6

Crema di datteri e banane

Tempo di preparazione: 5 minuti
Tempo di cottura: 0 minuti
Porzioni: 4

Ingredienti:
- 1 tazza di latte di mandorle
- 1 banana sbucciata e affettata
- 1 cucchiaino di estratto di vaniglia
- ½ tazza di crema di cocco
- datteri tritati

Istruzioni:
1. Frullare i datteri con le banane e gli altri ingredienti in un frullatore, mescolare bene, dividere in coppette e servire freddo.

Nutrizione: Calorie 271, Grassi 21,6, Fibre 3,8, Carboidrati 21,2, Proteine 2,7

panini alle prugne

Tempo di preparazione: 10 minuti
Tempo di cottura: 25 minuti
Porzioni: 12

Ingredienti:
- 3 cucchiai di olio di cocco, sciolto
- ½ tazza di latte di mandorle
- 4 uova sbattute
- 1 cucchiaino di estratto di vaniglia
- 1 tazza di farina di mandorle
- 2 cucchiaini di cannella in polvere
- ½ cucchiaino di lievito in polvere
- 1 tazza di prugne snocciolate e tritate

Istruzioni:
1. Unisci l'olio di cocco con il latte di mandorle e gli altri ingredienti in una ciotola e sbatti bene.
2. Dividere in uno stampo per muffin, mettere in un forno a 350 gradi F e cuocere per 25 minuti.
3. Servire i panini freddi.

Nutrizione: Calorie 270, Grassi 3,4, Fibre 4,4, Carboidrati 12, Proteine 5

Ciotole di prugne e uvetta

Tempo di preparazione: 10 minuti
Tempo di cottura: 20 minuti
Porzioni: 4

Ingredienti:
- Mezzo chilo di prugne, snocciolate e tagliate a metà
- 2 cucchiai di zucchero di cocco
- 4 cucchiai di uvetta
- 1 cucchiaino di estratto di vaniglia
- 1 tazza di crema al cocco

Istruzioni:
1. In un pentolino unire le prugne con lo zucchero e gli altri ingredienti, portare ad ebollizione e cuocere a fuoco medio per 20 minuti.
2. Dividere nelle ciotole e servire.

Nutrizione: Calorie 219, Grassi 14,4, Fibre 1,8, Carboidrati 21,1, Proteine 2,2

barrette di girasole

Tempo di preparazione: 10 minuti
Tempo di cottura: 20 minuti
Porzioni: 6

Ingredienti:
- 1 tazza di farina di cocco
- ½ cucchiaino di bicarbonato di sodio
- 1 cucchiaio di semi di lino
- 3 cucchiai di latte di mandorla
- 1 tazza di semi di girasole
- 2 cucchiai di olio di cocco, sciolto
- 1 cucchiaino di estratto di vaniglia

Istruzioni:
1. Unire la farina con il bicarbonato e il resto degli ingredienti in una ciotola, mescolare bene, stendere su una teglia, premere bene, infornare a 180° per 20 minuti, lasciare raffreddare, tagliare a barrette. e servire.

Nutrizione: calorie 189, grassi 12,6, fibre 9,2, carboidrati 15,7, proteine 4,7

Ciotole di anacardi e mirtilli rossi

Tempo di preparazione: 10 minuti

Tempo di cottura: 0 minuti

Porzioni: 4

Ingredienti:

- 1 tazza di anacardi
- 2 tazze di more
- ¾ tazza di crema di cocco
- 1 cucchiaino di estratto di vaniglia
- 1 cucchiaio di zucchero di cocco

Istruzioni:

1. In una ciotola unire gli anacardi con la frutta e gli altri ingredienti, mescolare, dividere in piccole ciotoline e servire.

Nutrizione: Calorie 230, Grassi 4, Fibre 3,4, Carboidrati 12,3, Proteine 8

Ciotole di arancia e mandarino

Tempo di preparazione: 4 minuti
Tempo di cottura: 8 minuti
Porzioni: 4

Ingredienti:
- 4 arance, sbucciate e tagliate a fette
- 2 mandarini, sbucciati e affettati
- Succo di 1 lime
- 2 cucchiai di zucchero di cocco
- 1 tazza d'acqua

Istruzioni:
1. Mescolare le arance con i mandarini e gli altri ingredienti in una casseruola, portare ad ebollizione e cuocere a fuoco medio per 8 minuti.
2. Dividere in ciotole e servire freddo.

Nutrizione: Calorie 170, Grassi 2.3, Fibre 2.3, Carboidrati 11, Proteine 3.4

Crema Di Zucca

Tempo di preparazione: 2 ore
Tempo di cottura: 0 minuti
Porzioni: 4

Ingredienti:
- 2 tazze di crema di cocco
- 1 tazza di purea di zucca
- 14 once di crema di cocco
- 3 cucchiai di zucchero di cocco

Istruzioni:
1. Mescolare in una ciotola la panna con la purea di zucca e gli altri ingredienti, sbattere bene, dividere in piccole ciotoline e riporre in frigorifero per 2 ore prima di servire.

Nutrizione: Calorie 350, Grassi 12,3, Fibre 3, Carboidrati 11,7, Proteine 6

Una miscela di fichi e rabarbaro

Tempo di preparazione: 6 minuti
Tempo di cottura: 14 minuti
Porzioni: 4

Ingredienti:
- 2 cucchiai di olio di cocco, sciolto
- 1 tazza di rabarbaro, tritato grossolanamente
- 12 fichi tagliati a metà
- ¼ tazza di zucchero di cocco
- 1 tazza d'acqua

Istruzioni:
1. Scaldare una padella con olio d'oliva a fuoco medio, aggiungere i fichi e gli altri ingredienti, mescolare, cuocere per 14 minuti, dividere in coppette e servire freddo.

Nutrizione: Calorie 213, Grassi 7,4, Fibre 6,1, Carboidrati 39, Proteine 2,2

banana piccante

Tempo di preparazione: 4 minuti
Tempo di cottura: 15 minuti
Porzioni: 4

Ingredienti:
- 4 banane, sbucciate e tagliate a metà
- 1 cucchiaino di noce moscata, macinata
- 1 cucchiaino di cannella in polvere
- Succo di 1 lime
- 4 cucchiai di zucchero di cocco

Istruzioni:
1. Metti le banane sulla teglia, aggiungi la noce moscata e gli altri ingredienti, inforna a 180 gradi F per 15 minuti.
2. Dividete le banane tostate tra i piatti e servite.

Nutrizione: Calorie 206, Grassi 0,6, Fibre 3,2, Carboidrati 47,1, Proteine 2,4

cocktail al cacao

Tempo di preparazione: 5 minuti
Tempo di cottura: 0 minuti
Porzioni: 2

Ingredienti:

- 2 cucchiaini di cacao in polvere
- 1 avocado, snocciolato, sbucciato e schiacciato
- 1 tazza di latte di mandorle
- 1 tazza di crema al cocco

Istruzioni:

1. Mescolare in un frullatore il latte di mandorla con la panna e gli altri ingredienti, sbattere bene, dividere in bicchierini e servire freddo.

Nutrizione: Calorie 155, Grassi 12,3, Fibre 4, Carboidrati 8,6, Proteine 5

barrette di banane

Tempo di preparazione: 30 minuti

Tempo di cottura: 0 minuti

Porzioni: 4

Ingredienti:

- 1 tazza di olio di cocco, sciolto
- 2 banane, sbucciate e tagliate a fette
- 1 avocado sbucciato, snocciolato e schiacciato
- ½ tazza di zucchero di cocco
- ¼ tazza di succo di limone
- 1 cucchiaino di scorza di limone, grattugiata
- Spray da cucina

Istruzioni:

1. In un robot da cucina, unisci le banane con l'olio e gli altri ingredienti, tranne lo spray da cucina, e mescola bene.
2. Ungere una pirofila con lo spray, versare e spalmare il composto di banane, coprire, riporre in frigorifero per 30 minuti, tagliare a barrette e servire.

Nutrizione: Calorie 639, Grassi 64,6, Fibre 4,9, Carboidrati 20,5, Proteine 1,7

Barrette di tè verde e datteri

Tempo di preparazione: 10 minuti
Tempo di cottura: 30 minuti
Porzioni: 8

Ingredienti:
- 2 cucchiaini di tè verde in polvere
- 2 tazze di latte di cocco, riscaldato
- ½ tazza di olio di cocco, sciolto
- 2 tazze di zucchero di cocco
- 4 uova sbattute
- 2 cucchiaini di estratto di vaniglia
- 3 tazze di farina di mandorle
- 1 cucchiaino di bicarbonato di sodio
- 2 cucchiaini di lievito

Istruzioni:
1. Unisci il latte di cocco con il tè verde in polvere e gli altri ingredienti in una ciotola, mescola bene, versa in una forma quadrata, stendi, inforna a 180 gradi per 30 minuti, fai raffreddare, affetta. nei bar e servire.

Nutrizione: Calorie 560, Grassi 22,3, Fibre 4, Carboidrati 12,8, Proteine 22,1

crema di noci

Tempo di preparazione: 2 ore
Tempo di cottura: 0 minuti
Porzioni: 4

Ingredienti:
- 2 tazze di latte di mandorle
- ½ tazza di crema di cocco
- ½ tazza di noci, tritate
- 3 cucchiai di zucchero di cocco
- 1 cucchiaino di estratto di vaniglia

Istruzioni:
1. Uniamo in una ciotola il latte di mandorla con la panna e gli altri ingredienti, sbattiamo bene, dividiamo in coppette e mettiamo in frigo per 2 ore prima di servire.

Nutrizione: Calorie 170, Grassi 12,4, Fibre 3, Carboidrati 12,8, Proteine 4

Torta al limone

Tempo di preparazione: 10 minuti
Tempo di cottura: 35 minuti
Porzioni: 6

Ingredienti:
- 2 tazze di farina integrale
- 1 cucchiaino di lievito in polvere
- 2 cucchiai di olio di cocco, sciolto
- 1 uovo sbattuto
- 3 cucchiai di zucchero di cocco
- 1 tazza di latte di mandorle
- 1 scorza di limone, grattugiata
- 1 succo di limone

Istruzioni:
1. Unisci la farina con l'olio e gli altri ingredienti in una ciotola, sbatti bene, trasferisci su una teglia e inforna a 180°C per 35 minuti.
2. Tagliare e servire freddo.

Nutrizione: Calorie 222, Grassi 12,5, Fibre 6,2, Carboidrati 7, Proteine 17,4

barrette all'uvetta

Tempo di preparazione: 10 minuti
Tempo di cottura: 25 minuti
Porzioni: 6

Ingredienti:
- 1 cucchiaino di cannella in polvere
- 2 tazze di farina di mandorle
- 1 cucchiaino di lievito in polvere
- ½ cucchiaino di noce moscata, macinata
- 1 tazza di olio di cocco, sciolto
- 1 tazza di zucchero di cocco
- 1 uovo sbattuto
- 1 tazza di uvetta

Istruzioni:
1. Unire in una ciotola la farina con la cannella e gli altri ingredienti, mescolare bene, stendere su una teglia, infornare, cuocere a 180° per 25 minuti, tagliare a listarelle e servire freddo.

Nutrizione: Calorie 274, Grassi 12, Fibre 5.2, Carboidrati 14.5, Proteine 7

quadrati di nettarine

Tempo di preparazione: 10 minuti
Tempo di cottura: 20 minuti
Porzioni: 4

Ingredienti:
- 3 nettarine, snocciolate e tritate
- 1 cucchiaio di zucchero di cocco
- ½ cucchiaino di bicarbonato di sodio
- 1 tazza di farina di mandorle
- 4 cucchiai di olio di cocco, sciolto
- 2 cucchiai di cacao in polvere

Istruzioni:
1. Frullare le nettarine con lo zucchero e il resto degli ingredienti nel mixer, mescolare bene, versare in uno stampo quadrato foderato, stendere, cuocere a 180° per 20 minuti, lasciare raffreddare leggermente il composto. , Tagliare a quadratini e servire.

Nutrizione: Calorie 342, Grassi 14,4, Fibre 7,6, Carboidrati 12, Proteine 7,7

spezzatino d'uva

Tempo di preparazione: 10 minuti
Tempo di cottura: 20 minuti
Porzioni: 4

Ingredienti:
- 1 tazza di uva verde
- Succo di ½ lime
- 2 cucchiai di zucchero di cocco
- 1 tazza e ½ d'acqua
- 2 cucchiaini di cardamomo in polvere

Istruzioni:
1. Scaldare una pentola con acqua a fuoco medio, aggiungere l'uva e gli altri ingredienti, portare ad ebollizione, cuocere per 20 minuti, dividere nelle ciotole e servire.

Nutrizione: Calorie 384, Grassi 12,5, Fibre 6,3, Carboidrati 13,8, Proteine 5,6

crema di mandarino e prugna

Tempo di preparazione: 10 minuti
Tempo di cottura: 20 minuti
Porzioni: 4

Ingredienti:
- 1 mandarino, sbucciato e tritato
- Mezzo chilo di prugne secche, snocciolate e tritate
- 1 tazza di crema al cocco
- 2 succo di mandarino
- 2 cucchiai di zucchero di cocco

Istruzioni:
1. Unire i mandarini con le prugne e gli altri ingredienti in un frullatore, mescolare bene, spezzettare, infornare, cuocere a 180 gradi per 20 minuti e servire freddo.

Nutrizione: Calorie 402, Grassi 18,2, Fibre 2, Carboidrati 22,2, Proteine 4,5

Crema di Ciliegie e Fragole

Tempo di preparazione: 10 minuti
Tempo di cottura: 0 minuti
Porzioni: 6

Ingredienti:
- 1 libbra di ciliegie snocciolate
- 1 tazza di fragole tritate
- ¼ tazza di zucchero di cocco
- 2 tazze di crema di cocco

Istruzioni:
1. Frullare le ciliegie con gli altri ingredienti nel frullatore, frullare bene, dividere in bicchieri e servire freddo.

Nutrizione: Calorie 342, Grassi 22,1, Fibre 5,6, Carboidrati 8,4, Proteine 6,5

Noci di cardamomo e budino di riso

Tempo di preparazione: 5 minuti
Tempo di cottura: 40 minuti
Porzioni: 4

Ingredienti:
- 1 tazza di riso basmati
- 3 tazze di latte di mandorle
- 3 cucchiai di zucchero di cocco
- ½ cucchiaino di cardamomo in polvere
- ¼ tazza di noci, tritate

Istruzioni:
1. Unire in un pentolino il riso con il latte e gli altri ingredienti, mescolare, cuocere per 40 minuti a fuoco medio, dividere in ciotole e servire freddo.

Nutrizione: Calorie 703, Grassi 47,9, Fibre 5,2, Carboidrati 62,1, Proteine 10,1

pane alle pere

Tempo di preparazione: 10 minuti
Tempo di cottura: 30 minuti
Porzioni: 4

Ingredienti:
- 2 tazze di pere, snocciolate e tagliate a dadini
- 1 tazza di zucchero di cocco
- 2 uova, sbattute
- 2 tazze di farina di mandorle
- 1 cucchiaio di lievito
- 1 cucchiaio di olio di cocco, sciolto

Istruzioni:
1. Unire le pere con lo zucchero e gli altri ingredienti in una ciotola, frullare, versare in una pirofila, infornare e cuocere a 180 gradi per 30 minuti.
2. Tagliare e servire freddo.

Nutrizione: Calorie 380, Grassi 16,7, Fibre 5, Carboidrati 17,5, Proteine 5,6

Budino di riso e ciliegia

Tempo di preparazione: 10 minuti
Tempo di cottura: 25 minuti
Porzioni: 4

Ingredienti:
- 1 cucchiaio di olio di cocco, sciolto
- 1 tazza di riso bianco
- 3 tazze di latte di mandorle
- ½ tazza di ciliegie, snocciolate e tagliate a metà
- 3 cucchiai di zucchero di cocco
- 1 cucchiaino di cannella in polvere
- 1 cucchiaino di estratto di vaniglia

Istruzioni:
1. In una pentola unire l'olio con il riso e gli altri ingredienti, mescolare, portare ad ebollizione, cuocere per 25 minuti a fuoco medio, dividere nelle ciotole e servire freddo.

Nutrizione: Calorie 292, Grassi 12,4, Fibre 5,6, Carboidrati 8, Proteine 7

stufato di anguria

Tempo di preparazione: 5 minuti
Tempo di cottura: 8 minuti
Porzioni: 4

Ingredienti:
- Succo di 1 lime
- 1 cucchiaino di scorza di limone, grattugiata
- 1 tazza e ½ di zucchero di cocco
- 4 tazze di anguria, sbucciata e tagliata a pezzi grandi
- 1 tazza e ½ d'acqua

Istruzioni:
1. Mescolare in un pentolino l'anguria con la scorza di limone e unire gli altri ingredienti, porre a fuoco medio, cuocere per 8 minuti, dividere nelle ciotole e servire freddo.

Nutrizione:: calorie 233, grassi 0,2, fibre 0,7, carboidrati 61,5, proteine 0,9

budino allo zenzero

Tempo di preparazione: 1 ora
Tempo di cottura: 0 minuti
Porzioni: 4

Ingredienti:
- 2 tazze di latte di mandorle
- ½ tazza di crema di cocco
- 2 cucchiai di zucchero di cocco
- 1 cucchiaio di zenzero, grattugiato
- ¼ di tazza di semi di chia

Istruzioni:
1. In una ciotola mescolare il latte con la panna e gli altri ingredienti, sbattere bene, dividere in tazzine e riporre in frigorifero per 1 ora prima di servire.

Nutrizione: Calorie 345, Grassi 17, Fibre 4.7, Carboidrati 11.5, Proteine 6.9

crema di anacardi

Tempo di preparazione: 2 ore
Tempo di cottura: 0 minuti
Porzioni: 4

Ingredienti:
- 1 tazza di anacardi tritati
- 2 cucchiai di olio di cocco, sciolto
- 2 cucchiai di olio di cocco, sciolto
- 1 tazza di crema al cocco
- cucchiai di succo di limone
- 1 cucchiaio di zucchero di cocco

Istruzioni:
1. Sbattere gli anacardi con l'olio di cocco e gli altri ingredienti in un frullatore, mescolare bene, dividere in coppette e riporre in frigorifero per 2 ore prima di servire.

Nutrizione: Calorie 480, Grassi 43,9, Fibre 2,4, Carboidrati 19,7, Proteine 7

biscotti alla canapa

Tempo di preparazione: 30 minuti
Tempo di cottura: 0 minuti
Porzioni: 6

Ingredienti:
- 1 tazza di mandorle ammollate per una notte e scolate
- 2 cucchiai di cacao in polvere
- 1 cucchiaio di zucchero di cocco
- ½ tazza di semi di canapa
- ¼ tazza di cocco grattugiato
- ½ tazza d'acqua

Istruzioni:
1. Unisci le mandorle con il cacao in polvere e gli altri ingredienti in un robot da cucina, mescola bene, fodera una teglia, metti in frigorifero per 30 minuti, affetta e servi.

Nutrizione: Calorie 270, Grassi 12,6, Fibre 3, Carboidrati 7,7, Proteine 7

Ciotole Mandorle e Melograno

Tempo di preparazione: 2 ore
Tempo di cottura: 0 minuti
Porzioni: 4

Ingredienti:
- ½ tazza di crema di cocco
- 1 cucchiaino di estratto di vaniglia
- 1 tazza di mandorle, tritate
- 1 tazza di semi di melograno
- 1 cucchiaio di zucchero di cocco

Istruzioni:
1. Uniamo in una ciotola le mandorle con la panna e gli altri ingredienti, mescoliamo, dividiamo in piccole ciotoline e serviamo.

Nutrizione: Calorie 258, Grassi 19, Fibre 3,9, Carboidrati 17,6, Proteine 6,2

Cosce di pollo e verdure al rosmarino

Tempo di preparazione: 10 minuti
Tempo di cottura: 40 minuti
Porzioni: 4

Ingredienti:
- 2 libbre di petto di pollo senza pelle, disossato e tagliato a cubetti
- 1 carota, a cubetti
- 1 gambo di sedano, tritato
- 1 pomodoro, tagliato a dadini
- 2 piccole cipolle rosse, tritate
- 1 zucchina, a cubetti
- 2 spicchi d'aglio, tritati
- 1 cucchiaio di rosmarino, tritato
- 2 cucchiai di olio d'oliva
- pepe nero a piacere
- ½ tazza di brodo vegetale a basso contenuto di sodio

Istruzioni:
1. Scaldare una padella con olio d'oliva a fuoco medio, aggiungere la cipolla e l'aglio, mescolare e soffriggere per 5 minuti.
2. Aggiungere il pollo, mescolare e cuocere per altri 5 minuti.
3. Aggiungere la carota e gli altri ingredienti, mescolare, portare ad ebollizione e cuocere a fuoco medio per 30 minuti.
4. Dividere il composto nei piatti e servire.

Nutrizione: Calorie 325, Grassi 22,5, Fibre 6,1, Carboidrati 15,5, Proteine 33,2

Pollo con carote e cavoli

Tempo di preparazione: 10 minuti
Tempo di cottura: 25 minuti
Porzioni: 4

Ingredienti:
- Petto di pollo senza pelle da 1 libbra, disossato e tagliato a cubetti
- 2 cucchiai di olio d'oliva
- 2 carote, sbucciate e grattugiate
- 1 cucchiaino di paprika dolce
- ½ tazza di brodo vegetale a basso contenuto di sodio
- 1 testa di cavolo rosso, tritato
- 1 cipolla gialla, tritata
- pepe nero a piacere

Istruzioni:
1. Scaldare una padella con olio a fuoco medio, aggiungere la cipolla, mescolare e soffriggere per 5 minuti.
2. Aggiungere la carne e cuocere per altri 5 minuti.
3. Aggiungere la carota e gli altri ingredienti, mescolare, portare a ebollizione e cuocere a fuoco medio per 15 minuti.
4. Dividete il tutto nei piatti e servite.

Nutrizione: Calorie 370, Grassi 22,2, Fibre 5,2, Carboidrati 44,2, Proteine 24,2

Panino con melanzane e tacchino

Tempo di preparazione: 10 minuti
Tempo di cottura: 25 minuti
Porzioni: 4

Ingredienti:
- 1 petto di tacchino senza pelle e disossato, tagliato in 4 pezzi
- 1 melanzana, tagliata in 4 fette
- pepe nero a piacere
- 1 cucchiaio di olio d'oliva
- 1 cucchiaio di origano tritato
- ½ tazza di salsa di pomodoro a basso contenuto di sodio
- ½ tazza di formaggio cheddar magro, grattugiato
- 4 fette di pane integrale

Istruzioni:
1. Scaldare una griglia a fuoco medio-alto, aggiungere le fette di tacchino, irrorare con metà dell'olio, spolverare con pepe nero, cuocere 8 minuti per lato e disporre su un piatto.
2. Disporre le fette di melanzane sulla griglia preriscaldata, irrorare con il restante olio e insaporire con pepe nero, friggerle per 4 minuti per lato e trasferire nel piatto anche le fette di tacchino.
3. Disponete 2 fette di pane su un piano di lavoro, distribuite in ognuna il formaggio, in ognuna distribuite le fette di melanzane e di tacchino, spolverizzate con l'origano, irrorate con la salsa e ricoprite con le altre 2 fette di pane.
4. Dividete i panini nei piatti e servite.

Nutrizione: Calorie 280, Grassi 12,2, Fibre 6, Carboidrati 14, Proteine 12

www.ingramcontent.com/pod-product-compliance
Lightning Source LLC
Chambersburg PA
CBHW071857110526
44591CB00011B/1446